広島女学院大学総合研究所叢書 第 9 号

情報教育

Infomation Education

教育

はじまりから現在・未来

Nakata Mikiko

中田美喜子

大学教育出版

TSS 端末（2 頁参照）
（出典：京都コンピュータ学院）

遠隔講義提示画面とカメラ
（47 頁参照）

遠隔講義実施風景
（47 頁参照）

遠隔講義中の画面（遠隔地の講義）
（50 頁参照）

K 大学遠隔講義受講画面（受信側）
（51 頁参照）

講義に用いた教師用送信 PC
（51 頁参照）

遠隔講義受講画面
（54頁参照）

遠隔講義中の画面
（54頁参照）

3号館スタジオの
カメラを利用

デジタルビデオで講義を録画する
と同時にコンピュータにキャプチャ

送信コンピュータ

中野キャンパス機材
（56頁参照）

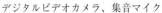

デジタルビデオカメラ、集音マイク

送信コンピュータ

上瀬野キャンパス機材
（56頁参照）

上瀬野　受信画面 中野　送信画面

送受信画面
（57頁参照）

テレビ会議画面
1.提示パワーポイン
ト画面、2.講師・教員、
3.高校側生徒、4.高
校側提示画面
（66頁参照）

大学側講義設備
（66頁参照）

「遠隔講義のメリットはなんですか」の回答（学生 自由記述）
（91 頁参照）

自由記述の分析結果
（100 頁参照）

はじめに

　1980 年代から情報教育に携わってきて、様々なツール、目標が変化してきた。教育現場ではそれに対応する教育を実施しているつもりではあるが、これからのことを考えて、特に広島地区における情報教育について今までの経過を、そして現在を分析・検討することで、今後の情報教育の方向性を見いだすことができればと考える。

　2020 年においてはCOVID-19 の影響により、今まで研究や実施されながらも問題視されてきた遠隔教育を実施せざるを得ない状況となった。現場において、長年情報教育やツールを使った遠隔教育を研究し実践してきた結果をここで発揮しながら、講義を実施してきた。これも 1980 年代からの蓄積があったからであると思われる。これらをまとめておきたいと思い、今回執筆することとした。本書が、読者の方々にとって、これからの情報教育を考える一冊となれば幸いである。

広島女学院大学総合研究所叢書第 9 号

情報教育　はじまりから現在・未来

目　次

第**1**章

情報教育のはじまり

1. 1980 年代の情報教育

　1980 年代、学生の環境としては、教室に 70 台のコンピュータを設置して 1 台に 2 名の学生、つまりは 1 クラス 140 名で開講していた。今から考えるととても学習効率が上がっているといえる状況ではないと思われる。それでも私立大学の一部では、コンピュータスキルの教育が必要であることを認識して、カリキュラムの中に「コンピュータ概論」でなく、「コンピュータ演習」という科目を設定していた。1980 年代前半におけるコンピュータ教育は主に「プログラミング言語」教育であり、利用する機材は大型コンピュータであった。さらに、学生がプログラムを入力する方法は紙カードでパンチカード入力装置（図 1-1）を使って入力したプログラムをオフラインで情報センターに提出し、その結果を紙に印刷してもらっていた時代である。オフラインであるため、プログラムを提出してもコンパイルエラー（文法的エラー。命令文に 1 文字打ち間違いがあってもエラーとなって返却される）があれば、それを印刷して受け渡してもらう。ここまでにも時間がかかり、そこから何度もデバッグ（プログラムの間違いを修正すること）してその都度提出して実行してもらうという方式であったた

図 1-1　パンチカード穿孔機
（出典：一般社団法人情報処理学会 Web サイト「コンピュータ博物館」）

図 1-2　TSS 端末
（出典：京都コンピュータ学院）

め、1 プログラムを仕上げるまでに多くの時間や手間暇がかかっていた。

1980 年 代 中 頃 に は TSS（Time-Sharing System）端末が普及してきたため（図 1-2）、台数は少ないが TSS 端末を設置して直接画面からキーボードを利用してプログラムを入力する方式に変化してきた。この時代に、大学では年間のレンタル料金を数百万円も支払って、大型機と TSS 端末などを学内に設置していた。そのため多くの台数をそろえることは大変であったため、紙カードによるオフライン実行と TSS 端末入力による方式を併用している大学が多かったのではないかと思われる。

この時代にマイクロコンピュータやパーソナルコンピュータ（以下、PC。図 1-3）が進化し、大学としても PC を数十台そろえた教室を設置して、情報教育として大型機のプログラミング教育だけでなく、PC による教育（主にBASIC または Pascal などの言語を用いて）を実施した。当時は PC と大型機の間にデータの互換性がなく、PC で収集した実験データを SAS などの統計プログラム（当時は大型機のプログラムのみの販売契約であった）で分析するため

図 1-3　初期のパーソナルコンピュータ
PC-8001 マイクロコンピュータシステム（出典：一般社団法人情報処理学会 Web サイト「コンピュータ博物館」）

には、データの変換が必要であった。変換されたデータの読み込みも、5インチFD（フロッピーディスク）から8インチFDに変換して作成し、それを大型機に読み込ませる方式であった。そのため、コンピュータやプログラムなどの知識が必要不可欠であった。FDもPCと大型機ではフォーマット（書式）が異なっていたので、媒体変換を行いながらデータを作成してやっと読み込みをさせられるようになるため、大変手間がかかっていた。プログラムが作成できる大学院生などによくある現象として、分析やその分析結果を解釈することが目的であるにもかかわらず、データ変換・移行のためのプログラムを作成する手間や時間がかかることで、目的が分析するデータを移行することになってしまうことが問題として挙げられていたほどである。それくらいに、データ変換に労力と時間がかかっていた時代であった。

　その後、技術が進みデータ転送が簡単に行われるようになってきた。さらにPCの進化により、PCによるデータ分析も行われるようになった。ただし、PCのスピードは今のように速くなかったため、1つの分析に3日間PCを起動し続けることも何度もあった。これらの進化を経てPCのスピードが速くなるにつれて、大型機でなくPCを利用する頻度は増加していった。ただし、まだだれでも使えるところまでには操作が簡単にはなっていなかった。この時代に理系の大学ではPCを使った教育を「コンピュータ演習」という実技科目として実施してきた。

2. 1990年代の情報教育

(1) 広島地区における情報教育

　1980年代初期、各大学においては様々な方法で情報教育が実施されるようになっていた。文系の大学では、情報教育としてCAI（computer-aided instruction）システムを導入して、ビデオ教材による自習を含めた情報教育を導入したところもある。主に文系の大学では1980年代ではまだ情報教育について導入の必要性を検討している段階で、学科ごとに必要があれば内容を検討して実施する方向であり、大学全体で同じ方向を向いて「情報教育」を実施し

ていくカリキュラムにはなっていなかった。

　一方、理系の大学においては、情報教育としてコンピュータ教育の内容で実施しているところが多く認められた。ある大学では、1年生にコンピュータ概論を説明して、残りはBASCI言語（マイクロコンピュータのインタプリタで実施）を学習することで情報教育を実施していた。

　当時、高校においては教科「情報」はなかったため、また一般的に家庭においてもコンピュータの普及はほとんどなかったため、大学の設備として設置してあるPCを利用して学習していく方向であった。そのためほとんどの学生が講義時間に少し触る程度であった。それでも、PCに触ったことがある、キーボードから入力したことがあることで、3年生以降の研究室でのゼミ活動から本格的にPCを研究・分析に利用していくことで学習を進めていた。そのため、全学で一斉教育していく方向で、導入的な教育を実施していた。

　広島地区において「私立大学情報教育協会」の集まりを経て、私立大学・短期大学の数校で実施されている「情報基礎教育（一般情報処理教育）」に関して、カリキュラム・教育環境・人的資源の3点に焦点を当て現状分析を行った（広島地区私立大学情報基礎教育研究会1995。付録参照）。

　1995年、「広島地区における情報教育」として私立大学の情報教育担当者が集まって研究会を実施した。きっかけは私立大学情報教育協会の呼びかけであった。広島工業大学の殿塚先生を中心に、広島電機大学（現在の国際学院大学）、安田女子大学、修道大学、文教女子大学（現在の文教大学）、広島経済大学、呉大学、呉女子短期大学、鈴が峰女子短期大学（現在は修道大学）、国際大学、女学院大学など多数の大学における情報の教員が参加した。それぞれの大学が協力して情報交換を行い、教育に貢献していくことで合意した。数年してからは、海上保安大学校、広島大学、呉高等工業専門学校、広島市立大学など私立大学の枠を超えて、広島地区の情報教育の研究会を開催した。学会における支部と異なり、近隣の身近な大学が身近な悩みなどを共有して解決していこうとする研究会であった。

　最初の情報共有は「教育の内容」「教育の方法」「教育環境」であった。特に教育環境についてはそれぞれの経済状況、私立大学の置かれている経営状況に

よって管理・運営が大きく異なっていたが、基本的に理想とする教育環境の設備を検討する助けになった。またそれぞれの入札業者における問題点、苦手部分、できる部分できない部分などの情報を交換しあった。情報システム課などによい人材を持つ大学では大学の設備設置についても能力を発揮してもらえるが、そうでない大学の場合は教員もある程度参加して意見を述べながら環境整備をしてもらう必要があった。そのための情報交換であった。

　教育目標は、文系と情報を専門としない理系であれば、卒論をワープロ・表計算を使って書き上げることができ、口頭発表をプレゼンテーションソフトウェアで実施することができることであると思われる。これらを実現できるような教養としての情報教育について研究会で紹介・検討しあった。長年継続した研究会の成果として、各大学の情報教育環境設備や人材、利用できるソフトウェア（以下、ソフト）やネットワーク環境などすべてを広島地区でまとめて発表した（広島地区私立大学情報基礎教育研究会 1995）。当時はどこもMS-DOSベースのPCによる初年次教育を実施していたが、環境は様々であった。

（2）国公立大学と私立大学の差、地方と都市の差

　1990年代、私立大学では、国公立大学の大学院生を「情報教育」のTAとして雇用していた。私立大学で1、2年生向けの「情報教育」に補助に入ってもらった。彼らの「国立大学ではこのような情報教育はないのです。私立はいいですね」という発言を毎年聞いていた。実際、国公立大学では今も1年生で必修の「情報教育」は開講されていないのが現状であると思われる。国公立大学が参加校である「情報教育研究集会（現在の大学ICT推進協議会）」において、国公立大学での「情報教育」の現状が報告されている。近隣の国公立大学においても3週間、3か月単位での講習会レベルで大学のインターネット環境などを説明して終了している状況であった。現在ではBYODに進化しており、やはり個別に自分で学習・習得していくような教育になっていると思われる。

　これは学力や学習に対する態度の差によると思われる。つまり、国公立大学に合格する学力を持った学生は、必要があれば自ら学習していく方法を身につ

けているが、学力の低い学生は、「自分で学習する」という方法や学習する習慣などが身についていないために、必修科目として初年次に「情報教育」を実施する必要があるという解釈も成り立つのかもしれない。実際、国立大学で教えていた時には、情報系科目がわからないので夜間のコンピュータ系専門学校の講座にも通学するという、いわゆるダブルスクールで学習している学生も存在していた。筆者の勤務する私立大学では、それほどまでに学習意欲のある学生を見かけることが少なかったので、学習する意欲や姿勢に違いがあるため、学力に差がでてくるのではないかと思わざるを得なかった。

　結局現在に至るまで、国公立大学では初年次用の「情報教育」については必修化しないで（担当者が配置できないなどの理由がよく挙げられている。強制的に担当者を決めて学長命令で初年次教育を実施している国公立大学もあるが、それ以外ではなかなかできないと報告されている）というより、できないでいるのが現状である。しかし、今後の大学共通テストに「情報科」科目をという動きから、現在では一般情報教育も様々な方法で検討されている（掛下ら2017、掛下2017、高橋2017、稲垣2014）。

　私立大学では1980年代から1、2年生で必修化して少なくとも1年生前期は「情報教育」を必修として実施している大学が多い。しかしこれも地方の大学だからの可能性もある。「情報倫理もスキルも中高から身につけているので、特に大学で1年生の時に科目でやってもらわなくてもいい」と主張する東京の学生もいた。周りの学生を見ているとそのような状態にあるとは思えないため、東京の学生は意識も学力も高いのであろうかと思われる。これが地域による教育の差であるのかもしれない。

　つまりは東京近辺に通学していると、「情報教育」としての基本は社会的環境や背景において身についていく、学習されていくのかもしれない。ただ、話を聞いた学生は数名だったし、たまたま優秀な学生ばかりだったのかもしれないので、本当に地域差を検討するのであれば東京の大学と地方の大学での全国的な調査が必要であると思われる。これらの調査を実施している研究もあるが（若林ら2011）、高校の情報教員による教育内容についての調査であった。また地域に特化して学生のスキルを調査した研究（山崎ら1994）もあるが、全

国的な学生の現状調査などもある程度必要であると思われる。

　2019 年度に文部科学省が「全国学生調査」を実施した。その目的は次のように記されている。

　　「2040 年に向けた高等教育のグランドデザイン（答申）」（平成 30 年 11 月 26
　　日 中央教育審議会）においては、学修者本位の教育へ転換を図るとともに、各大
　　学が教育成果や教学に係る取組状況等の大学教育の質に関する情報を把握・公表
　　していくことの重要性を指摘する一方、社会が理解しやすいよう、国は、全国的
　　な学生調査や大学調査を通じて整理し、比較できるよう一覧化して公表すべきと
　　提言されました。
　　　海外の状況に目を向けてみると、National Student Survey（NSS：イギリス政
　　府機関）や National Survey of Student Engagement（NSSE：アメリカ大学研究機
　　関）、Cooperative Institutional Research Program（CIRP：アメリカ大学研究機関）
　　に代表されるような大規模な学生調査が実施されており、学生の学修等の状況を
　　把握するとともに、得られたデータをエビデンスデータとしてアクレディテー
　　ションに利用することや、教育内容の改善などに活用することが一般的に行われ
　　ています。この点、我が国においては、近年の IR（Institutional Research）活動
　　の拡大により、個々の大学による取組は行われているものの、未だ全国的な広が
　　りはなく、国においては、国立教育政策研究所が学習状況に関する調査を実施し
　　ていますが、全大学を対象とするものではありません。

　すなわち、「情報教育」のみでなく大学教育全体に関しての調査は行われていないのである。調査の目的はさらに次のように続く。

　　学修の主体である学生目線からの全国的データは整備・活用されていません。
　　　これまでも各大学等において、独自の学生調査が実施されているところです
　　が、調査目的、実施方法等は多種多様であり、社会が理解しやすいよう調査結果
　　を示すことや、各大学が調査結果から適切なベンチマーキングを行い、教育内容
　　等の改善に効果的につなげることが難しいのが現状です。
　　　これらを踏まえ、学修者本位の教育への転換を目指す取組の一環として、学生
　　の学びの実態を把握することにより、1. 各大学の教育改善に活かすこと、2. 我

が国の大学に対する社会の理解を深める一助とすること、3. 今後の国における政策立案に際しての基礎資料として活用するために「全国学生調査」を実施します。

　対象大学数515校、対象学生数40万7,014名、有効回答者数11万1,051名で有効回答率は27.3%であった。調査の項目から関連のありそうなものだけ抜粋してみると、50%を超えて「大学教育が役立っている」と回答した項目は、「専門分野に関する知識・理解」「文献・資料データを収集・分析する力」「人にわかりやすく話す力」「問題を見つけ、解決方法を考える力」「幅広い知識、ものの見方」が主であった。「統計数理の知識・技能」については回答が均等に分かれていた。情報系の質問項目に特化していないため明確なことは言えないが、今後の全国調査に情報系の項目が含まれると地域格差も検討できるのではないかと思われた。今回の分析においては、学部・学科・学生数などの分類で地域における分類は行われていなかった。

　情報化の技術進歩が速いため、生徒や学生の意識やスキルも急速に変化している。地域での教育は地域で調査した結果から構築していくことも必要であるが、全国調査によって大きな方向性をみていくことも必要であると思われる。東京の学生と地方の学生に違いがあるように感じたのは筆者だけかもしれないが、全国調査が文部科学省の主催などで実施されるとよいと思われ、今後の調査に期待したい。

　これらの結果から、国公立大学と私立大学におけるカリキュラムの違いや、東京と地方との違いについては考慮しながら、社会人としての「情報リテラシー」を身につけられる教育を実施していく必要があると思われる。

(3) 知能・性格と情報教育の関連

　1990年代における情報教育として「プログラミング教育」が実施されていた。特にPCが普及し始める初期であったために、PC上で簡単に起動するBASIC言語も多くの学習対象言語としてカリキュラムに取り入れられていた。そこで、プログラミング学習においての個人の資質として知能および性格要因とプログラミング学習の成果を比較した研究を実施した。

1）専門学校生における知能とプログラミング学習の成果との関連

〈対象〉

被験者 30 名（男性 25 名、女性 5 名）

〈方法〉

田中式（A式：言語、B式：図形）知能検査を行った。BASICの実習授業を 1 週間に 200 分間行い、3 ～ 4 週後にまとめの筆記試験を実施した。授業のカリキュラムを表 1-1 に示す。

BASIC言語の特徴であるダイレクトモードを使用して、プログラミング言語を教授した。ダイレクトモードを使用したのは、プログラム作成といういわば作文に似た作業を最初から課すのは適切ではなく、その前に単語の意味すなわちコマンド（命令）の意味を十分に理解させるためであった。インタプリタ方式のBASIC言語を用いたため、最初の授業から文法と実際のプログラムを並行して学習することが可能であり、プログラムの修正も容易にできるうえ、

表 1-1　プログラミング学習カリキュラム（1990 年代）

週	内容
1	A 式知能検査および B 式知能検査
2	PC およびフロッピーディスクの扱い方
3	INPUT、PRINT、LET、IF 文、文字・実数・整数型
4	SAVE、LOAD、ファイル入出力、FOR-NEXT 文により累積和を求める、配列
5	整数型と実数型、プログラム中でファイル出力
6	課題、配列を使用した平均と標準偏差の計算
7	1 変数、次に 3 変数をファイルから読み込み最大値（または最小値）を表示するプログラムを作成
8	並べ替え（ソート）
9	2 進数、16 進数、アスキーコード変換関数、キャラクタ変換関数、2 次元配列
10	二重のループを確認、九九の計算を表示
11	平均と画面でグラフにする、テキストとグラフィック画面で横棒グラフを描く
12	縦棒グラフを仕上げる、目盛・補助目盛も書き込む

その実行も簡単なコマンドで可能であった。

　その後、最終試験を行った。最終試験は、BASIC言語の文法・命令を理解しているか（実行結果を追跡する問題、文法・命令の間違いを指摘する問題）、また実際にプログラムが作成可能か（実習で作成した課題のプログラムを机上で作成）を問うものであった。この報告ではこの最終試験と知能検査とを比較検討した。

〈結果〉

　A式知能検査よりB式知能検査が全体的に高得点を示した。これらの得点と試験の結果をプロットした結果、全体的に知能相当の成績を示している。しかし、知能の偏差値が低いにもかかわらず、BASIC試験の得点の高い学生が1名認められた。これはいわゆる知能から期待される以上の学業成績をあげているオーバーアチーバー（OA）である。そこで、次にA式、B式それぞれの下位検査との相関を示した（表1-2）。全体的に相関は低いが、A式知能検査の文章完成において高い相関が認められた（表1-2、太字箇所）。さらに、入試得点（数学・国語・英語）との比較を行った。その結果、数学・英語では相関は0.4程度であるが、国語の得点では0.5の相関が認められた。

表1-2　田中A・B式下位検査と最終試験の相関関係

	A式		B式	
	下位検査	相関	下位検査	相関
1	文章完成	**0.55**	迷路	-0.09
2	命令	0.34	立体分析	0.24
3	反対	0.40	幾何学的図形構成	0.31
4	類推	0.23	置換	0.17
5	置換	0.30	移動弁別	0.06
6	数字弁別	-0.10	数列完成	0.28
7	推理	0.23	図形抹消	0.24

〈まとめ〉

　B式知能検査の結果である図形的能力は、プログラミング言語の理解において組織的な関連はないと考えられる。一方、A式知能検査の結果である言語的能力のうち、「文章完成能力」と「国語の試験結果」が高い相関を示した。プログラム1行も文章の一種といえるため、その作成には文章完成能力と関係が強いことが認められたといえる。入試の成績との関連においても国語との相関が高いことから、情報処理教育は理系の科目と考えられてはいるが、文章処理能力との関連が考えられる。実際、情報処理技術者（国家資格）における文系出身者の占める割合は急速に増加する傾向にあった。

　このように、情報教育には既存の学業で挙げられる知能的要因としての知能・適性、非知能的要因としての学生自身の動機づけ・パーソナリティ・適応性に加えて、「文章作成能力」を含むと考えられることが示された。

2）専門学校生における性格とプログラミング学習の成果との関連

　次の研究では性格とプログラミング学習の関連を検討するため、YG性格検査（矢田部ギルフォード性格検査）と成績との比較を行った。

〈対象〉

　被験者45名（男性38名、女性7名）のうち、最終試験とYG性格検査の両方の資料が得られた37名を対象とした。

〈方法〉

　授業は前述のカリキュラムとほぼ同じものであった。第5週の授業のはじめに、YG性格検査を実施した。実施の方法は、コンピュータ画面に性格検査の文章を表示し、回答はテンキー（数字キー）によって入力することで行った。検査は、実施前にプリントを配布してやり方を十分理解させるとともに、実施前に画面にも説明を表示し、それぞれにやり方を再度確認させたのちに実施した。ほとんどの学生が30分以内に回答が可能であった。回答は各因子・系列ごとに得点化して分析し、授業の最終週に実施した試験結果との比較を行った。試験内容は、BASIC言語の文法・命令を理解しているか（実行結果を追跡する問題、文法・命令の間違いを指摘する問題）、また実際にプログラムが

作成可能か（実習で作成した課題のプログラムを机上で作成）を問うもので
あった。

　YG性格検査は12因子で構成されている。情緒安定性因子としてはD（抑うつ性）、C（回帰性）、I（劣等感）、N（神経質）の4因子、社会的適応性因子としてはO（客観性）、Co（協調性）、Ag（攻撃性）の3因子、衝動性因子としてはG（一般的活動性）、R（のんきさ）の2因子、内省性因子としてはA（支配性）、S（社会的外向）、T（思考的外向）が挙げられる。Ag（攻撃性）とG（一般的活動性）は活動性因子としても挙げられている。これらの12因子の分類を新しい分類にする研究もあるが（続ら1970、玉井ら1985）、現在でもこの分類が一般的である。また、各因子値をパーセンタイル値により、低い順からA、B、C、D、Eの5系統に分類するのが一般的なYG性格検査の基本的な処理である。A型は情緒平均的、性向平均的、目立った特徴のない平均タイプである。B型は情緒不安定、外向的、積極的で活発に取り組み、リーダシップもあるタイプである。C型は情緒安定、内向的、穏やかで順応性・正確性・客観性があり、堅実なタイプである。D型は情緒安定、外向的、行動的でリーダシップがあり、社会適応性があるタイプである。E型は情緒不安定、内向的、不都合が生じると殻に閉じこもる傾向があるタイプである。本調査においても各因子値を5系列に分けて分析を行った。

〈結果〉

　最終試験の平均点60点を基準に、高得点群と低得点群に分類した。最終試験の得点は群間で有意な差を示した（$t=8.69$、$df=35$、$p<0.001$）。次に、最終試験の得点とYG性格検査を構成する因子の相関係数を群間で求めた。低得点群では、どの因子とも明確な相関は認められなかった。高得点群では、I（劣等感）因子とはずれ値を示した1名を除いて、高い相関が認められた（$r=0.60$）。高得点群に比較し低得点群では、A（支配性）、S（社会的外向）とT（思考的外向）因子を除いた因子が低い値を示し、プロフィールが内側に位置していた。そこで、群間で差を求めたところ、T（思考的外向）因子は低得点群が高い値を示し（$t=-2.13$、$df=31.2$、$p<0.05$）、Co（協調性）因子（$t=2.78$、$df=35.0$、$p<0.001$）、O（客観性）因子およびD（抑うつ性）因子において高

得点群が高い値を示した。系統別分析では、低得点群においてE系統に含まれる因子数が多い傾向があった。

〈まとめ〉

　高得点群においては、最終試験の得点とI（劣等感）因子の相関が認められた。これは、学生が自分を過小評価し不適応感を持っていることを示している。高得点を示すには他の要因も必要であるのは当然であるが、自分を過小評価することが学習の努力へつながったと推察される。

　群間でいくつかの因子において差が認められた。T（思考的外向）因子において高得点群は平均的な値であったのに対して、低得点群は高い値を示した。すなわち、低得点群は熟慮せず表面的に考える傾向を示している。Co（協調性）因子においても高得点群は平均的な値であったが、低得点群は平均的な値より低く不平不満が少ない傾向が示された。O（客観性）因子においては両群とも平均的な値の範囲ではあるが、高得点群は高い値、低得点群は低い値であった。D（抑うつ性）因子において高得点群は平均的な値を示したが、低得点群は平均的な値よりも低く、陽気で楽観的な傾向を示している。

　E系統に含まれる因子数は、低得点群において多い傾向を示した。これは低得点群には偏った得点の分布が認められること、すなわち平均的でない因子値が多いことを表している。一方、高得点群はほぼ平均点な値を示している因子が多いという結果であった。両群の結果から、高得点群に比較して低得点群は熟慮せず表面的に考え（T）、不平不満が少なく（Co）、陽気で楽観的な（D）性格傾向であることが示唆された。

　これらのことから、高得点群は自分に満足せずにいるのに対して、低得点群は現状維持的な性格因子を持つと思われる。本科目では、実習にインタプリタ方式BASIC言語を用いたため、学生はその場ですぐに実行させてプログラムが間違っているか正しいかを知り得る。そして、その結果を受けて試行錯誤を繰り返しながら修正を重ねて、プログラムを完成させるのである。この一連の作業を何度も繰り返すには、自分で自分の書いたプログラムへの不満を持つことが大事である。適応性が高く不満のない低得点群の性格は通常の社会生活では好ましい性格と思われるが、プログラミング学習においては、現状維持的な

性格では学習適性に欠けると思われる。なぜなら、コンピュータ言語は試行錯誤を重ね、自分で考えながら作成していくことによって習得されるものだからである。

ところで、この研究では、学習不信時のD、N、O得点に高い値を示すと報告する研究（安藤ら1980）とは異なる結果を示した。彼らの報告は小・中学校における報告であり、本研究とは対象も科目も大きく異なっている。また入試の結果で入学してきた学校であるため、第一希望、第二希望または不本意入学かによって動機づけなども異なると考えられる。今後は入学者の状況を踏まえた「やる気」をださせる教授法の検討が望まれる。教授方法によっては性格因子も変化し、学習もより進捗することが期待される。

このように、1990年代のプログラミング教育においては知能や性格との関連を模索し、学生の資質による教授法を検討することが必要であると結論づけている。しかし、学生の状況は個々人で様々であるため、いかに「やる気」を引き出す教授法を検討するのかが問題提起となっていた。

3）大学生における知能、性格と学習成果との関連①

上述の2件の研究報告はどちらも専門学校の学生を対象とした調査であった。そこで今度は、大学生を対象とした調査を同様に実施した。工学部の1年生に必修科目として開講されている「情報処理基礎演習」を履修している学生を対象に、知能および性格と授業の習得についての関係を検討した。

〈対象〉

大学1年生、181名（男性177名、女性4名）であった。実施前にプリントを配布して検査方法や目的について十分理解させ、実施に同意した学生のみを対象とした。

〈方法〉

情報処理に関する簡単なアンケートを実施し、知能検査およびYG性格検査および意欲を測定するためEPPS検査（Edwards Personal Preference Schedule）から「達成」と「持久」に関する項目を抽出して検査に加えたものを実施し、

分析した。

　実施方法は、コンピュータ画面にアンケート、知能検査および性格検査の文章を表示し、回答はテンキーによって番号を入力することで行った。知能検査および性格検査は、ほとんどの被験者が 50 分以内で回答可能であった。

　回答後、知能偏差値および各因子・系統ごとに得点化し、分析データとして用いた。さらに BASIC の実習で実施している試験と数学共通テスト、物理共通テストの成績を分析に用いた。「情報処理基礎演習後期期末試験」の得点により、高得点群と低得点群に分類し、群別に分析した。

〈結果とまとめ〉

　知能検査の平均点では、高得点群がすべての問題において低得点群より有意に高い平均値を示し、群間で知能に差が認められた。YG 性格検査の各要因の得点を群間で比較した結果、社会的外向、支配性、情緒不安定において低得点群が有意に高い平均値を示した。高得点群では支配性と社会的外向の平均値が低いことから、引っ込み思案である性格が見られ、情緒的に安定しているが人目に立つことは好まない、対人接触を嫌う傾向が認められた。

　因子分析の結果、高得点群は第 1 因子は性格因子 1（抑うつ・主観性・神経質・劣等感・情緒不安定・協調性で正の高い負荷量）、第 2 因子は知能因子、第 3 因子は性格因子 2（のんき・社会的外向・支配性・活動性・攻撃性に負の高い負荷量）、第 4 因子は学力因子（数学・物理試験で正の高い負荷量）であった。一方、低得点群では、第 1 因子性格因子 1 で高得点と同様の結果、第 2 因子は性格因子 2 であった。高得点群と異なる点は、「持久」の得点が負の負荷量を示したことである。第 3 因子は知能因子であったが、高得点群と異なり「図形の問題」による知能得点が含まれていなかった。第 4 因子は学力因子であったが、「図形の問題」による知能得点がここへ含まれて高い負荷量となった。知能検査値の比較においては、どの知能分野においても高得点群が有意に高い数値を示したが、特に「図形の問題」における知能の数値の差は大きかった。そのため、低得点群では第 3 因子である知能因子の中に「図形の問題」が含まれなかったのだと推測される。このことは、図形的な知能が高い値を示すならば、「情報処理演習」の試験で高得点になる可能性があることを示唆して

いる。

　群間でコンピュータ使用経験について分析した結果、高得点群には使用経験者が多く、またコンピュータ所持率も高いことが示された。現在では高校において「情報科」が必修となっているため、ほぼ全員が経験者であろうから、この結論は妥当性を欠くと思われる。実際の高校における学習経験や知識を数値化して比較することが必要であると思われた。

4）大学生における知能、性格と学習成果との関連②

　上述の研究では言語科目の結果による調査を行っていなかったため、新たに国語・英語の試験を追加して、「情報処理基礎演習」の授業習得の程度と知能および性格と学力の関係を比較検討した。

〈対象〉

　工学部の1年生を調査対象とし、分析データすべてがそろった422名（男性414名、女性8名）のデータを分析に用いた。

〈方法〉

　実施したのは、情報処理に関するアンケート、知能検査、YG性格検査、国語と英語の簡単な試験であった。実施方法は、コンピュータの画面にアンケート、知能検査および性格検査の文章を表示し、回答はテンキーによって番号を入力することで行った。知能検査、YG性格検査の方法については中田ら（1990a）と同様である。

　知能検査はコンピュータで提示可能なもののみを採用したため、A型（言語性）の知能検査では、欠けたところに言葉を入れる問題（言葉）、理屈を考える問題（理屈）、同じような関係の言葉を見つける問題（関係）を用いた。B型（非言語性）の知能検査では、数字を見分ける問題（数字）、反対の言葉を見つける問題（反対）、図形の問題（正方形を作る問題、さいころの面にある数字を見つける問題、机に面がついている直方体を数える問題、○の印がついた直方体に面が接している直方体を数える問題）であった。

　英語の試験は実用英語検定3級全問題集（松林編1989）からの抜粋で、文章を構成したり、文章を作成したりする問題を10問選択し、解答はテンキー

によって番号を入力することで行った。国語については、高校入試問題集（文研出版編『アタック 2001 問題集高校入試国語』）から、文章を作成する問題、読解力を要する問題、同じ意味の言葉を見つける問題を 10 問選択し、解答は同じくテンキーで行った。知能検査および性格検査は、ほとんどの被験者が 50 分以内で解答可能であった。英語および国語は、それぞれ 10 分以内で解答可能であった。分析データとしては、性格検査、知能検査、情報処理基礎演習の前期期末試験・後期期末試験の得点、数学共通テスト・物理共通テスト（学内で 1 年生に共通実施）・国語・英語の得点を用いた。

〈結果〉

　前述の研究と同様、「情報処理基礎演習」の試験結果で高得点群と低得点群別に分析を行った。その結果、知能検査は高得点群のすべての問題において低得点群よりも有意に高い平均値を示した。これは前述の研究結果と同様であった。性格検査の結果は、高得点群の平均値は低得点群の平均値より低い値がほとんどであった。社会的外向・支配性・思考的外向・のんきさおよび攻撃性において低得点群が有意に高い平均値を示した。

　さらに因子分析を行った結果、高得点群の第 1 因子は抑うつ性・神経質・情緒不安定、主観的、劣等感、協調性において正の高い負荷量を示した。他方、思考的外向では負の負荷量であった。これらのことから、第 1 の因子は性格因子 1 であるといえる。第 2 因子にはすべての知能得点が含まれていたので、知能因子であると推定される。第 3 因子はのんきさ、社会的外向、支配性、活動性、攻撃性において正の負荷量を示した。他方、「達成」「持久」については負の負荷量を示した。これは性格因子 2 であると考えられる。第 4 因子は前期・後期期末試験、数学・物理の試験および国語・英語の試験で高い負荷量を示したため、学力因子であると考えられる。

　低得点群については、第 1 因子において群間に差がなく同じ結果となった。また第 2 因子、第 3 因子においても同様の結果であった、以前の研究結果では、低得点群では第 2、第 3 因子の出現に差が認められたが、今回の学生では同じ結果であった。第 4 の学力因子についても同様であった。

　特に学力因子においては、情報処理の試験結果と数学・物理・英語・国語の

すべての学力が同じ因子に高い負荷量を示したことから、情報処理教育は数学・物理だけでなく国語・英語も含めた総合学力としての因子構成であることが示唆されたといえる。

第2因子（知能因子）と第4因子（学力因子）について、高得点群と低得点群では高得点群の学力の散らばりが少なく、低得点群では大きいことから、情報処理の学力と各学科目の学力は密接に関連があり、学力のばらつきの少ない学生は情報処理を習得しやすい傾向が認められた。

アンケートの結果において群間に差は認められなかったが、「BASIC言語を使った経験がある」「ファミコン以外のコンピュータを持っている」「自分の車よりパソコンが欲しい」の項目で高得点群が高い回答を示した。この結果から、生活の中でコンピュータおよび情報関連機器に接する機会が全体として多くなってきており、このことは子どもの調査においても報告されている。たとえば、山田らの調査（1991、1992）では、生活の中でのコンピュータ関連機器の使用経験は80％以上であった。ゲーム機器の所有は80％以上、使用経験は90％以上であった。この報告からも、コンピュータおよび情報関連機器の使用経験者数が増加していることがうかがえる。

〈まとめ〉

情報処理教育は、総合的な学力が必要な学科目であることが示された。また性格としては、高得点群は社会的内向性を有し、引っ込み思案で、のんきでない性格を示した。低得点群は社会的外向で支配的、攻撃的でのんきな傾向を示した。中田（1990b）の報告とは異なった結果となったが、情報機器の普及・進化によって変化してきたことが考えられる。今後の調査研究が必要であろう。アンケートの結果からも、コンピュータ機器の使用経験者が増加すると考えられたため、その時に大学生にどのような教育を実施していく必要があるかが課題である。

（4）学習態度と情報教育の関連

次に、学習態度との関連を検討する。

学生の学習態度についてのアンケート調査を実施して研究を行ってきた（中

田ら 1991、1993、1995)。松田 (1989) は、授業進行に伴う女子短大生の
コンピュータに対する態度を測定し、因子分析ではコンピュータに対する拒
否と受容に関する 5 因子を抽出した。その結果、技術的な訓練のみではコン
ピュータに対する態度は変化しなかったことから、情報処理教育における教育
環境の重要性を報告している。

　一方、井上 (1989) は、コンピュータとの接触によって、次第にコンピュー
タにフレンドリーなイメージが生まれると報告している。また中田 (1990c)
は、専門学校生と大学生においてコンピュータに対する態度の差を比較検討し
た。その結果、コンピュータに接する機会が多いほど、コンピュータに親近感
を示したこと、一般教育で情報処理関連科目を履修していない学生は、コン
ピュータが人間性の開発に役立つとは考えにくく、また懐疑的態度が強いこ
とを報告した。そこで、一般情報処理教育を受講する前と後において、コン
ピュータに対する態度に変化があるかどうかについて比較検討した。

〈対象〉

　工学部に在籍する学生で「情報処理基礎演習」を受講している 1 年生 472
名（男性 454 名、女性 18 名）を対象とした。

〈方法〉

　測定方法は、松田 (1989) によるコンピュータに対する態度の測定方法を
用いた。32 項目ある質問項目に「反対」「やや反対」「どちらでもない」「やや
賛成」「賛成」の 5 段階評定を行うものであった。コンピュータの画面に質問
を 1 問ごと提示して、1 から 5 の数字を入力する方法で回答させた。分析は、
後期試験の結果から高得点群および低得点群に分けて、群別の結果を因子分析
して検討した。

　「情報処理基礎演習」は 1 年次の選択科目であり、1 コマ 90 分の演習・講義
として 1 人 1 台の PC が使えるコンピュータ教室で実施されている科目であっ
た。前期は BASIC の基本的な文法を学習しながら概論（コンピュータの歴史、
および機能）を学習する内容であった。後期は BASIC の応用的な文法を学習
した後、課題の時間を多く設けた内容であった。さらに当時利用していた OS
である MS/DOS に関する講義を 3 週行い、エディタを用いた日本語入力を 2

週実施した。学生は時間外にコンピュータ教室を利用できる環境にはなかった。

〈結果〉

　群別に前期と後期の平均点を比較した。前期と後期の比較において、「コンピュータより電卓が好き」項目で、低得点群で「やや反対」へ移行している。「コンピュータは誤りをおかす」項目は「やや賛成」へ移行していることから、まったくコンピュータについて知らない状況から少しコンピュータの性質について理解しつつあることを示している。「コンピュータで楽しく勉強できる」項目では、低得点群が「反対」から「やや賛成」に移行している。「コンピュータの教育は人間的接触を妨げる」項目では両群とも「賛成」へ移行している。「コンピュータが非人間的」項目では「どちらでもない」へ近づいている。「人間らしさを失う」項目では、低得点群では「やや賛成」へ移行、高得点群では「やや反対」へ移行している。「コンピュータによって知的能力が減退する」項目では、低得点群では「やや賛成」に、高得点群では「やや反対」に移行している。

　因子分析の結果は、高得点群では前期第1因子は「コンピュータを積極的に活用する態度」因子、第2因子は「人間性喪失の態度」因子、第3因子は「人間性重視の態度」因子、第4因子は「コンピュータに親近的な態度」因子、第5因子は「コンピュータ不信の態度」因子であった。後期では第1因子は「人間性喪失の態度」因子、第2因子は「人間性重視の態度」因子、第3因子は「コンピュータを積極的に活用する態度」因子、第4因子は「コンピュータ不信の態度」因子、第5因子は「コンピュータ否定の態度」因子であった。

　低得点群の因子分析では、前期第1因子は「人間性喪失の態度」因子、第2因子は「コンピュータを積極的に活用する態度」因子、第3因子は「コンピュータ利用を認める態度」因子、第4因子は「コンピュータ否定の態度」因子、第5因子は「コンピュータ不信の態度」因子であった。後期では、第1因子は「コンピュータを積極的に活用する態度」因子、第2因子は「コンピュータに親近的な態度」因子、第3因子は「人間性開発の態度」因子、第4因子は「人間性喪失の態度」因子、第5因子は「コンピュータ不信の態度」因子であった。

〈まとめ〉

　これらを一覧表にすると態度の変化が認められる（表 1-3）。ここでは、コンピュータに対するポジティブな態度を太字で示した。その結果、高得点群は、肯定的な態度から用心する方向へ、低得点群は否定的な態度から親近的な態度へ変化していることが認められる。講義内容がプログラミング言語であったことから、その学習からコンピュータに親近性をもつことは困難であると思われる。大岩（1991）も一般情報教育で、単なる使用経験だけでは情報機器の可能性やその限界を知ることはできないと報告している。これらの結果から、一般情報処理教育では、親近感をもたせるように道具としてのコンピュータ利用、すなわち情報リテラシー教育を先に行い、その後にプログラミング → システム構築と学習を進めていく構成にする工夫が必要であることが示唆された。

　近年では、情報リテラシー教育が小・中・高等学校で実施されており、またスマートフォン（以下、スマホ）の普及により、身近な情報機器に接する機会も増加してきている。そのため、コンピュータに関する否定的な考えよりも、親近性は増しているように思われるが、情報倫理学習などにより機器でなくインターネットなどネット利用における危険性など、情報機器利用環境すべてにおける危険性の周知や注意喚起を行っており、コンピュータに対する警戒心も芽生えていると思われる。同じ態度測定を実施してみると比較が可能であろう。

表 1-3　群別前期・後期のコンピュータに対する態度の因子分析結果

	高得点群		低得点群	
	前期	後期	前期	後期
第 1 因子	**積極的活用**	人間性喪失	人間性喪失	**積極的活用**
第 2 因子	人間性喪失	人間性重視	**積極的活用**	**親近的接触**
第 3 因子	人間性重視	**積極的活用**	コンピュータ利用を認める態度	人間性開発
第 4 因子	**親近的接触**	懐疑的態度	コンピュータ否定の態度	人間性喪失
第 5 因子	懐疑的態度	コンピュータ否定の態度	懐疑的態度	懐疑的態度

3. 1990 年代の一般情報教育

1992 年に、文部省の委託により「大学等における一般情報処理教育の在り方に関する調査研究」が行われた。この報告書（情報処理学会 1993）では、情報処理教育の理念として、次の 3 点が挙げられている。

1. 知識と情報を資産とする情報化社会において、情報の価値を知るとともに、これを資産として使いこなして生きるための対応力を習得させる。
2. 情報機器に慣れ親しむ機会を与え、情報システムに対するアレルギーがないようにする。
3. 情報に関する基本的概念（情報処理の動作原理とその可能性、限界）を身につけさせる。

そして、特定のシステムを教えることやプログラミング教育だけでは、この教育理念を満たすことはできないと述べている。また、一般情報処理教育は 1、2 年次学生を対象として検討を進めていくこと、すなわち、決して専門基礎教育の一つではないとしている。そのうえで一般情報処理教育のカリキュラムとしては、「コンピュータリテラシー教育」「『プログラミング』教育」「教養・概念教育」の 3 つに分類されると指摘している。それぞれの内容を以下に解説する。

（1）コンピュータリテラシー教育

コンピュータリテラシー教育は、ワープロや電子メールなど道具とその概念、動作原理を含めて正しく利用できるように教育することとされた。コンピュータや情報システムをいかに使うかの教育である。実際の教育内容は、次の 6 項目とされた。

①キーボード教育

②エディタ、ワープロと文書作成

③電子メール、BBS

④表計算とデータベース

⑤統計計算・図形処理パッケージ

⑥情報化と社会・法との関連

　2020 年代においては、BBS は SNS に代わってくると思われるが、同じ内容をほぼ網羅した教育が必要であろう。さらに理想としては、コンピュータリテラシー教育は本来、初等・中等教育で行うべきものであると報告している。1993 年にこの調査研究が文部省に報告されて後、2003 年に高校において「情報科」が必修科目として導入されることとなった。そのため、2006 年の大学入学生からは、情報リテラシー教育は高校で学習してきていることを前提に、大学での情報処理教育を実施していくことを各大学は検討してきた。

　しかし、様々なアンケート調査などを実施した結果、大学入学生の知識やスキルは今までの入学生と何ら変化がなく、大学の一般情報処理教育を大きく変更していく必要はなかった。変化があるとすれば、それから数年後、1、2 年生で 4 コマ程度必要であった一般情報処理教育が 1 年時の 2 コマ程度でもなんとか身につけられそうに変化してきている程度であるといえる。これらについては、後の章で調査結果を示して詳しく説明を行う。

(2)「プログラミング」教育

　プログラミング教育について、情報処理学会 一般情報教育委員会は次のように述べている。

> 　かぎ括弧なしのプログラミング教育は，特定の実用言語の習得だけを目的とする教育であるのに対して，かぎ括弧ありの「プログラミング」教育は，構造化や抽象化のようなコンピュータサイエンスの種々の基本的な概念を習得すると同時に身につけていく技能としてのプログラミングと捉え，そのための教育と位置づける。
>
> （「一般情報処理教育の知識体系（GEBOK）」
> 情報処理学会 一般情報教育委員会 2011）

　「プログラミング」教育は、情報システムをいかに実現するかの教育である

と示されている。「コンピュータ屋」と一緒に仕事をして、文系向きのシステムを構築していけるような文系の人間を育てていこうとする教育と記されている。教育項目としては、次の3つが挙げられている。

① 「プログラミング」教育とプログラミング教育

② 文系向け「プログラミング」教育

③ 表現力育成のための「プログラミング」教育

これらはいわゆる1つのプログラミング言語を習得していくことではなく、問題を発見してそれを解決するシステムを創り出し、でき上がったシステムの使用を通じて新たな問題を発見するシステム進化の過程全体であると考えられていた。

また、文系向け「プログラミング」教育では、題材などを文系の学生が馴染みやすいものにする必要があると指摘している。つまり、これまでのプログラミング教育で扱ってきた題材が、数式の解法のような数学の問題が多かったために、文系の学生には理解されなかったりやる気を失わせたりすることにつながっていったというのである。プログラミング教育は、本来は専門課程で行う教育であると思われるが、文科系向けには一般情報処理教育の一つとして取り組む必要があると報告されている。

さらに、専門課程の体制が整えば、この内容は専門教育課程で取り上げられていくものであろうと指摘している。2020年から開始されている初等教育の「プログラミング」教育はこれに該当するものを児童に経験させるものであると考えられる。教材によっては、問題発見から解決までを論理的にシステム化してプログラム構築できるようになると思われるが、初等教育の教員がすべてこれらに対応して教育できるかについてはまだ不安が残るところである。今後の対応に期待したい。

(3) 教養・概念教育

教養・概念教育は、コンピュータサイエンスという学問の世界観、おもしろさ、奥深さといったものを伝えていくような教養主義的な教育を示している。題材として推奨された内容は、次の7項目である。

①ワープロの仕組み

②CDの情報記憶方式

③再帰（プログラミング）

④アルゴリズムの理論

⑤AIのようなアプリケーションに関する講義

⑥トレースによるコンピュータの動作原理の実習

⑦BNF（Backus-Naur Form言語をBNFで定義したうえで、ある仕様を記述する手法）によりコンピュータサイエンス分野の正確な知識や発想、成果などを広く正しく伝えること

　特に、挙げられた題材を平易に解説することが重要である。これらについては、コンピュータリテラシー教育においても概念を伝えるような内容が求められると報告している。

（4）大学における一般情報教育

　一般情報教育では、上記の3分野における内容を網羅した教育カリキュラムを各大学で検討し実施してきている。特に私立大学では1、2年生で必修科目として実施しているところが多い。ただし、単位として1年生半期1コマのみ必修の場合、1年生で前期・後期2コマ必修の場合、1、2年生で前期・後期4コマ必修の場合、1年生で前期・後期4コマ必修の場合など、様々なカリキュラムが検討、実施されてきている。開講科目によっては専任教員や非常勤教員の実数が必要となり、英語など語学系の科目と同様、多数の非常勤教員を依頼して開講している大学が多いのが現実である。

　また大学教育学会でも問題になったことがあるが、関東の大きな私立大学では、一般情報処理教育を外注しているところもある。いわゆる情報機器メーカの教育部門などにお任せで開講している。ただし、単位認定については専任教員が行う必要があるため、取りまとめる専任教育が全体の教育内容を取り仕切って単位も認定している状況である（國學院大學 共通教育科目／教養総合科目に関する注意事項参照）。近年の大学教育学会においても、アウトソーシングについて取りざたされてきている。実際、大学の規模によっては非常勤教

員の確保という面からすると多数の情報系非常勤教員を雇用し、教育内容も統一して管理・運営していくことは大変な労力であり、そのため大規模大学では外注せざるを得ない状況であると思われる。筆者の勤務する大学では、また広島地区における私立大学では大規模大学は多くないため、ほとんどの大学では1年生初年次2コマ必修で、専任教員が統括しながら非常勤教員を多数雇って講義を開講しているのが現状である。

　大学教員が講義を行うことのメリットは、大学4年間で実際に必要な情報技術や常識を講義の中に含めることが可能である点である。専門学校の教員やメーカーの教育担当者による講義の場合で、特に検定試験などを単位取得の必須としている大学などでは、特定のスキルは身についていく可能性は高いが、大学の4年間で本当に必要なスキルや知識、レポートや論文の書き方、特に学術論文の書き方などの基礎となるワープロ、表計算などのスキルを身につけることが可能であるかは疑問である。ビジネスで必要なスキルは、大学の教員でなくても教授可能であると思われるが、大学において必要な情報スキルは大学の教員であることで教授可能であると思われる。学生が優秀であれば、ビジネススキルとは別に大学で必要なスキルや常識も同時に学習して身につけることができる可能性もあるが、筆者が勤務する大学では、なかなかそこまで自分で学習を進められる学生が多数とは言えないため、一般情報処理教育では大学で必要な情報スキルと知識、常識を学習させることが必要であった。

4. インターネットの利用

(1) インターネットの接続開始と本研究の端緒

　1990年代から国内において大学からインターネットに接続が可能となった。広島地区では、1993年に中国・四国インターネット協議会（CSI）を設立して、大学・研究所関係のインターネットの接続を行ってきた（相原 2018）。その後、1999年に特定非営利活動法人中国・四国インターネット協議会として改組された（中国・四国インターネット協議会 活動報告 2020）。まだインターネットでどのようなことができるのか、どのように利用していくのか試行

錯誤をしている段階で、工学系の大学ではそれぞれが接続をしていく方向にあった。とにかく接続して何を研究できるか、教育できるのか、どのような利用ができるのかを検討する状況であった。

　1996 年、筆者は電気通信普及財団における助成金で、インターネットを利用して何かできるのではないかとサーバを購入してインターネットを接続し、教育利用を検討する研究を提案した。1995 年、米国の研究者と共同研究で日米における情報教育についての調査を実施していたため、その継続としてインターネット利用を模索することとした。共同研究者は米国の大学に勤務していたため、研究として実際にどのように進めていくのがよいか、教育利用には何ができるのか、インターネットで何ができるのかを思案している段階で助成金をもらえることとなった。当時は大学においてもまだ学部教育にインターネットを利用している段階ではなく、研究者同士がメールのやり取り、ニュースの書き込みなど情報交換の術として利用していた段階であった。米国ではメールや Web による情報発信が行われている様子を聞き、教育利用に焦点をしぼることとした。

（2）インターネットを利用した日米文化交流

　電気通信普及財団の助成により、インターネットを利用した日米の文化交流を実施したので、その結果を以下に述べる。

　1996 年頃の教育機関におけるインターネットの発展にはめざましいものがある。1995 年の 9 月には 100 校ほどの教育機関がインターネットに接続している程度であったが、翌 1996 年には幼稚園から大学まで 557 校（1996 年7 月 31 日時点）もの教育機関が何らかの方法でインターネットに接続している。もちろん、インターネットの普及には 100 校プロジェクト（http://www.yasuda-u.ac.jp/100project/index-sjis.html/）のような推進プロジェクトが貢献していることは間違いない。「文部省を含め各省は、今後もインターネットを推進していく方向にあると思われる」—— このように報告したのは 1996 年の論文であった（中田 1996）。

　一方ネットワークの先進国である米国では、実際にどのような利用が行われ

ているのであろうか。1996年には「情報ハイウェー」構想のもとに、インターネットも含めてマルチメディアに対応するべく様々なメディアがネットで接続されていた。さらに米国では、全小学校にインターネットを接続させる構想があった。このような環境の中で、1996年の日本では、インターネットを実際にどのように教育利用していくかが問題であり、急いで教育方法等を確立していく必要があった。

コンピュータに対する態度について調査した結果（中田1990d）、当時の大学生の多くはコンピュータを親しみにくいと感じている。また、コンピュータに対する態度の日米比較において、米国学生はコンピュータに恐れや過信をしないという結果が報告されている（中田ら1996）。そこで、本研究では親しみやすいコンピュータ環境としてWindows環境でインターネットを利用し、日米大学間で交流を行った。日本および地方（広島）を紹介する目的でホームページを作成し、電子メールを利用して交流を行うことで、インターネットを利用した様々な教育の可能性について検討した。

共同研究の米国大学はすでにインターネットに接続されており、実際に教員や学生は電子メール等の利用が可能であった。広島県内H大学では1994年12月から試験的にインターネットを接続した。1995年4月、研究室にワークステーションを導入し、インターネットが利用できるようにセットアップを行った。同年5月、ワークステーションをWebおよび電子メールサーバにして稼動した。6月からホームページ作成および学生の募集を行った。ここでは、工学系大学における学生の教育的な効果について述べる。

1）文化交流1回目
〈期間〉
　1995年7月初旬から8月初旬まで実施した。
〈対象〉
　日本側は、工学部の学生1、2年生の3名（男性3名）であった。米国側は、インターネット体験公開講座の学生24名（初等・中等教育機関の教員、社会人）であった。

〈方法〉

　インターネットの基本的な利用方法、特に電子メールの利用方法・ネチケット・telnet・ftpについて対象者に説明し、日本学生は教員との間で電子メールの利用練習を行った。その後、地方からの文化紹介や、自分の興味あるものなどを題材としてホームページを作成した（図1-4）。それらの過程を経て、学

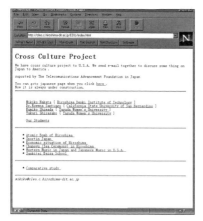

文化交流プロジェクト

広島の茶の湯

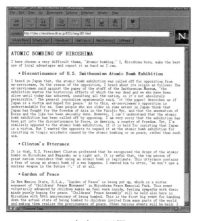

広島の原爆

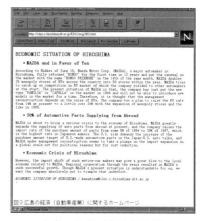

広島の経済（自動車産業）

図1-4　文化交流のため作成されたホームページ（当時のブラウザによる表示）

生は「広島の原爆」「スポーツ一般」「広島の経済（自動車産業）」から 1 人 1 テーマを選択してホームページを作成した。米国学生はこれらのホームページの中から興味のある内容を選択し、日本学生と電子メールで意見交換を行った。

〈結果〉

　平均的に 1 週間に 1 回の電子メールをお互いに送付した。電子メールの字数は 200 〜 300 字であった。日本学生には、英語の電子メールに対する抵抗が多く認められた。米国学生は 1 週間に 1 回の講義内でのみインターネットを利用することができる環境であった。そのため、1 週間に 1 回程度の電子メールの送付になったが、日本学生の英語力から考えると、ちょうど対応できる頻度であったと思われる。

　広島という場所柄、ホームページにも原爆問題を記載したが、時期的なこともあってそれをテーマにした学生 1 人に米国学生数人から電子メールが届き、対応が困難になっていた。

2）文化交流 2 回目

〈期間〉

　1995 年 9 月初旬から 12 月初旬までに実施した。

〈対象〉

　日本側は、大学 1、2 年生の学生 11 名（男性 8 名、女性 3 名）であった。米国側は、ネット利用の講義を履修している学生 20 名であった。

〈方法〉

　実際の電子メールでは自由な話を展開していくように指導した。

〈結果〉

　平均的に 1 週間に 1 回の電子メールをお互いに送付し、前回同様自己紹介から始まったが、電子メールの字数は 450 〜 500 字であった。新たに参加した日本学生は、前回同様、当初は英語に対する抵抗があったが、回を重ねるごとに抵抗が少なくなっていた様子である。今回は、日本学生 1 人に対して米国学生 1 人を対応させて行ったため、趣味の話からいろいろ自由な意見交換

が可能になった。日本学生の中には、2 ページ以上の電子メールを米国学生から送付され困惑した者もあった。また、今後も電子メールが使える限り、日米で電子メール交換を希望する米国学生も存在した。

　前回の反省点である画像データの作成も含めて、学生個人のホームページ作成を並行して行った。実際にはこの交流が終了するまでにはすべてをリンクできなかったが、数名はアクセス可能になった。アクセス可能になった時期がすでに自己紹介などを終了して自由な意見交換が始まった後になったため、個人のホームページについての意見交換は少なかったようである。

3）文化交流 3 回目
〈期間〉
　1996 年 1 月初旬から 3 月初旬であった。
〈対象〉
　日本側は、大学 1、2 年生の学生（休みの期間中、自宅からアクセス可能な男性）4 名であった。米国側は、教育学部でインターネット利用の講義を履修している学生 19 名であった。
〈方法〉
　米国学生が、「教師となったときに日本を題材にして講義をするとしたら何をテーマにするか」という課題で、1 人 1 テーマを決めて意見交換をした。一方、日本学生は後期試験および春休みの時期と重なり、大学でのアクセスが困難になり、自宅から電話を介して ppp 接続でアクセス可能な学生のみの参加となった。そのため、日本学生 1 人につき米国学生数人を割り当てることとなった。
〈結果〉
　今回は個人個人でテーマを決めたため、意見交換は容易であった。日米の電子メール文字数を週ごとに平均した結果を図 1-5 に示す。米国学生の電子メール文字数は 2 週目以外では週を経るごとに増加の傾向にある。2 週目の急な増加は、米国学生の 1 名が 1,000 文字を超える電子メールを送付してきたためである。日本学生の電子メール文字数は米国学生より少ないが、週を経るごとに

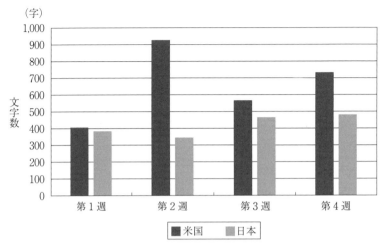

図1-5　日米における週ごとの電子メール文字数の変化

増加の傾向にあった。この結果から、電子メールによる意見交換は時間を経ることで活発になっていることが示される。

4）まとめ

　今回の3回に及ぶ日米文化交流の試みについて、英語という言語を母国語とする米国学生との交流であったため、日本学生の語学力に不安があった。試験的な実施をした1回目の米国学生は、全員初等・中等教育で教員をしている社会人が参加した公開講座の学生であった。そのため、米国学生が気を遣って、わかりやすい文章で書いてくれたり、やさしい表現を用いてくれたりした。日本学生にとって実験的な試みとしてはたいへん励みになり、これ以後の参加を促す要因にもなったと思われる。

　2回目の米国学生は、実際に講義を受けている不特定の学科の学生であった。米国学生1人に日本学生1人を対応させ、1週間に1回の電子メールで日米学生は自由な意見交換を行えたが、ホームページ作成がもっと早くリンクできれば個人的な話が進んだ可能性があったと思われる。

　3回目の米国学生は、教育学科の学生であった。テーマをもって意見交換

していたが、日本学生が春休みに入って、対応が遅くなったり、不備が続いたりしてなかなか意見交換を継続していくのが困難であった。しかし、電子メールの文字数から意見交換が活発に行われたことが示された。

　以上の結果、インターネットを教育に利用していくことは様々な要因を含んでいると思われる。特に情報教育のみでなく既存の学科目において道具として利用していくことは大変有効である可能性がある。特に英語による電子メールの利用によって、学生のTOEFLの得点が有意に上昇したという報告もあり（西村 1998）、日本学生においても英語については、語学コンプレックスが解消される傾向にあった。また、インターネットに興味をもって参加してきた学生がさらにコンピュータに興味をもち利用できるようになった。

　これらの点を考えると、インターネットやコンピュータを既存の学科目で利用していくことは有効であると思われる。さらに、日本学生のほとんどは、相手が米国学生だということに最初は大変不安があったと報告している。しかし、回を重ねるごとに自分たちの英語でも通じる喜び、そして初めて外国人と電子メールの交換を行ったことで自分に自信がもてるようになったと報告している。米国学生が日本という国についてあまりにも知らないことを知り、感嘆しながら様々なものを体験した。全員が今回の交流はとても興味がもてたと報告している。

　問題点としては、プライバシーの関係から電子メールによる交流を定量化することが困難であった。さらに、カリキュラムの違いから学生生活のペースが合わない時期があった。今後交流を行う場合、9月から12月が適切と思われる。また、電子メールという個人のプライバシーが関係するものを用いなくても意見交換が可能なツールを選択する必要があると考えられる。

　以上のように、インターネットの教育利用は、世界と接続することができるメリット生かした英語による文化交流から始まった。日本の文化を紹介するWebページや、交換授業などを実施する試みが多数行われ、発表されてきた（情報教育研究集会 1995 年、1996 年発表予稿集）。それぞれが有効な学習活動であり、以後のインターネットの教育利用のはじまりとなったと思われる。

第2章

現在の情報教育

1. 2000年代の情報教育

(1) 情報リテラシー教育

　1990年代からのインターネットの普及により、教育現場におけるインターネット利用と教育内容に変化が認められた。インターネットツールを教育に利用して教材開発や教育利用を行っていく方向も多数報告されている。それに伴い、情報リテラシー教育の内容に「情報倫理」「インターネット利用の常識」「電子メールの使い方」などのインターネット関連の社会常識を身につける内容が含まれるようになる。また情報リテラシー教育の中でそれらが身につくように、電子メール、Web検索、Web作成なども講義内容に含めて実施していく方向にあった。

　さらに、高校において教科「情報」が履修されるようになり、大学へ入学するまでにどれだけの学習内容を習得しているかによって大学の教育内容を検討していく方向にもあった。実際には2003年から必修となったため、2006年の入学生からの学習内容を検討することとなった。通常科目「数学」「英語」「国語」などの教科と同様に、「情報」科目においても入学時の学生の習熟度がどの程度であるのかを把握する必要があった。そのため、「情報の知識確認」「タイプ測定」を実施してきた。その結果、「タイプ測定」によるタイプの習熟度には大きく差があることが認められた。1分間の入力文字数が10倍異なる学生を同じクラスで学習させることには無理が考えられたため、「タイプ測定」によってクラスを初級クラスと中級クラスに分けて実施することとした。次にクラス分けを実施したことによる学習成果を報告する。

(2) 能力別クラス分けの学習効果

　大学における情報リテラシーについては、高校で「情報」が必修になって以来、履修状況を調査した結果から、実施内容を検討してきた。高校における「情報」の履修状況および学習内容について調査した結果では、2010年では90％以上の学生が高校で「情報」科目を履修したと回答している。しかし、「履修したかどうかわからない・不明」とする学生が0％にならないのも事実であり、各報告でも不可解であると述べている。

　さらに高校における履修内容を調査した結果、ワープロソフトはほぼ80％以上の学生が学習したと回答しているが、表計算およびプレゼンテーションについては、あまり学習していないと報告されている。電子メールの利用、Web検索についても理解が少なく、学習していない可能性の高い項目であった。また知識については、ウイルスの危険性および自分のコンピュータを守る手段についても知らないと回答する学生が30～50％おり、プログラミング言語やコンピュータ内部の処理については「学習していない・知らない」と回答している学生は90～100％であった。

　このような状況において、大学における情報リテラシー教育で、学習習得度に差のある学生を同じクラスで学習させることが困難である可能性がある。そのため能力別クラス分けを行い、それぞれに学習させることで、どのような効果があるかを検討した。

〈対象〉

　広島のJ大学、2009～2011年度に入学した1年生で、教養必修科目である「情報リテラシー」を履修した学生を対象とする。入学生のうち、クラス分けタイプ測定結果、コンピュータの基礎知識、まとめ試験、メール試験など対象とする結果すべてのデータがそろった学生のみを分析対象とした。対象人数は、2009年度 455名、2010年度 444名、2011年度 485名であった。

〈クラス分けの方法と講義内容〉

　入学ガイダンスの日程内で、Webにより一定時間内における「タイプ入力文字数測定」と「コンピュータに関する基礎知識テスト」を実施した。基礎知識の最後には、コンピュータ関連の資格取得を問う質問を含めた。これらを集

計し、学科ごとにクラスを初心者クラスと中級者クラスの 2 クラスに分級して講義を実施した。前期・後期講義の概要を表 2-1 に示した。

　講義では、表 2-1 の内容に加えて、前期はタイプ練習を毎時間実施し、前期・後期において情報倫理の学習とコンピュータの基本構造などの基礎知識を学習する内容も含めている。

表 2-1　「情報リテラシー」前期・後期講義内容（2009 ～ 2011 年）

講義回数	前期	後期
1・2	ログインなど基本的な利用方法	ワープロ復習問題（著作権について調査レポート）
3・4	毎時間タイプ練習	表計算復習問題
	基本的な使い方	表計算応用
5・6	ワープロ文書作成	表計算応用
7・8	ワープロ復習問題	プレゼンテーションソフト応用
9・10	表計算基本操作と基本問題	レジュメ作成
11・12	プレゼンテーションソフト基本	レジュメ作成から発表
13 ～ 15	表計算復習	ワープロ・表計算復習
	タイプ練習結果提出	

〈結果とまとめ〉

　年度別に集計した結果、年度によるタイプ文字数および基礎知識得点に差は認められなかった。年度別のクラスごとに集計した結果を示した（図 2-1）。基礎知識得点およびタイプ測定によるクラス分けのため、クラス別に差が認められている。最終のまとめ試験の得点をクラス別に示した（図 2-2）。2009、2010 年では差が認められているが、2011 年では差がない結果となった。これがクラス分けによる学習成果であるかについては、成績やその他の結果についてもさらに分析する必要があると思われる。

　タイプ試験および基礎知識試験の得点により、「情報リテラシー」を能力別クラスに分けて講義を実施した。その結果、学習を進めていくにつれ、クラスの差がなくなる可能性が認められた。能力別クラス分けについて、その必要性の報告は多い。J 大学では、実際のタイプスキルと基礎知識をもとにクラス分

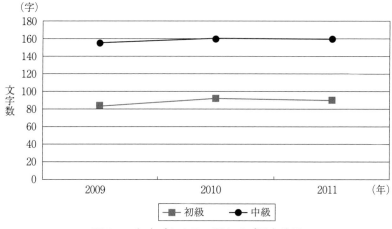

図2-1　年度ごとクラス別タイプ測定結果

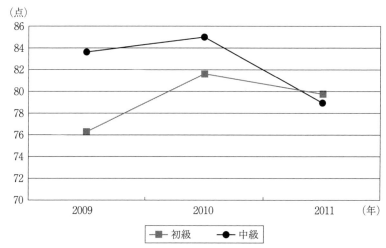

図2-2　年度ごとクラス別最終のまとめ試験の得点

けを実施しているが、スキルでなく自己申告でのクラス分けによる有効性も報告されている。

　高校における「情報」の前回改訂の学習指導要領が2013年4月より適用されることで、入学生の「情報」における習熟度も異なってくる可能性があった。

今後、さらにデータを収集して検討を行うことで、学習効果の高いクラス分け方法や、習熟度の測定方法を検討できると思われる。

2.　プログラミング教育

現在では、中学・高校にも幅広く情報機器が普及し、情報基礎教育が充実してきている。一部の高校ではプログラミングの指導も行われており、ほとんどの学生が、文書処理・表計算処理・プレゼンテーションのスライド制作を、大学入学以前に学習している。このような現状を考慮し、筆者らは大学の情報処理実習で、情報リテラシーと初歩のプログラミングとを融合させた教育を実践している。ここでは、高校における情報処理授業の状況を確認するとともに、大学におけるExcelのマクロ処理を利用したプログラミング教育について報告する。

（1）高校の情報教育環境と授業の状況
1）商業高校におけるプログラミング教育の実施

表 2-2 に熊本県 T 高校における情報処理授業の状況を示す。国際教養科は進学向けコースで、総合ビジネス科は就職向けコースであるが、ともに週 2 時間の情報授業が行われている。また、情報処理科は情報系を中心とした学科であり、週 5 時間以上の情報授業が行われている。どの学科でも画像処理系の授業が組まれており、さらに各種の検定資格取得を目指したカリキュラムが設定されている。また、情報処理科に限定されてはいるが、プログラミング授業も行われている。情報教育環境としては、PC40 台以上の教室が 4 教室、22 台が 1 教室の計 5 教室が準備されており、すべてに Microsoft Office がインストールされている。他に Premiere・Photoshop・ホームページビルダーやCOBOL などが一部の教室の PC に用意されている。

表2-2　Ｔ高校における情報処理授業の状況

学科	学年	科目名	回数	授業内容
国際教養科	1年	情報処理	週2	Excel 中心・全商情報処理検定 2 級程度・全商ワープロ実務検定 3 級程度…Word
	3年（選択）	文書デザイン	週2	PowerPoint・Premiere・Photoshop・ホームページビルダー
情報処理科	1年	情報処理	週5	Excel 中心・全商情報処理検定 1 級程度・全商ワープロ実務検定 2 級程度…Word
	2年	ビジネス情報	週5	全商情報処理検定 1 級程度 全商情報処理検定 2 級程度（プログラミング部門・COBOL）
	3年	プログラミング	週5	全商情報処理検定 1 級程度（プログラミング部門・COBOL）
		文書デザイン	週2	PowerPoint・Premiere・Photoshop・ホームページビルダー
		総合実践	週2	Access（『60 時間マスター Access2007』（実教出版）を利用）
		情報演習（選択）	週2	IT パスポート試験対策
総合ビジネス科	1年	商業技術	週2	Word 中心・全商ワープロ実務検定程度
	2年	情報処理	週2	Excel 中心・全商情報処理検定 2 級程度
		文書デザイン	週2	PowerPoint・Premiere・Photoshop・ホームページビルダー
	3年	総合実践	週2	模擬企業でのビジネス取引、販売管理・経理等を専用ソフトを用いて実施
学科共通	3年	課題研究（選択）	週2	全商情報処理検定 1 級（Excel）・ワープロ検定 1 級に向けて

2) 大学生へのアンケート調査

　T大学において、「コンピュータリテラシー2」（1 年生向け選択科目）を履修している学生に対し、高校における情報処理授業に関するアンケート調査を行った。2 クラス合計で 70 名（修了課程の内訳：普通科 35 名、商業科 24 名、情報科 7 名、他 4 名）の学生から得た回答結果は以下のとおりであった。

　・週当たりの授業時間数は、1 ～ 3 時間が大半を占め、7 時間のケースもあった。また、6％（回答 4 名）で情報授業が実施されていなかった。

・ほとんどがMicrosoft Office系の授業で、Macでの授業は皆無であった。また、10%（回答7名）で何らかのプログラミング教育が行われていた。
・Photoshopやムービーメーカーを使った画像系の授業が13%（回答9名）で行われていた。
・中学校においても61%（回答43名）で何らかの情報授業が行われていた。

(2) 大学におけるプログラミング教育
― Excel・VBAによるマクロ教育の実践 ―

1) T大学における実践例

　授業は2年次学生を対象とした選択科目で、半年間の全15週で構成される。前半では検定試験模擬問題を利用したExcelの基礎教育を行う。第1週は授業の概要説明と学内ネットワークでの教材配信および課題提出の方法などを指導する。第2～3週はExcel検定試験の3級レベル相当の問題を使って、基本的な関数の利用やグラフ作成およびデータの並べ替えやフィルタ操作、印刷設定などを課題とする。第4～6週は2級レベル相当の問題を使う。この時点でマクロ処理について触れ、記録方式による簡単なマクロを構築する。他に関数の複合利用、ピボットテーブル、ゴールシークなども学習する。第7～8週は1級レベル相当の問題を使って、2級範囲の応用を指導する。マクロはやや複雑な課題となるが、記録方式による作成である。他にソルバーなども学習する。

　後半はマクロ制作を学習する。制作目標は図2-3に示すようなラケッなしのブロック崩しで、繰り返し処理をエディタによる記述で制作させるものである。「ブロック崩し」の一言で制作目標の説明が不要であり、記録方式ではできないマクロ制作を指導する。そして、第15週までに、外枠・ブロックの準備、エディタ操作とボール運動の理解、跳ね返りと繰り返し処理、ブロックの消去、ブロックカウンター制作などを行って完成させ、最後に授業のまとめを行う。

　表2-3に学生から得られたマクロ制作後の感想を示す。ほぼ全員（22名中

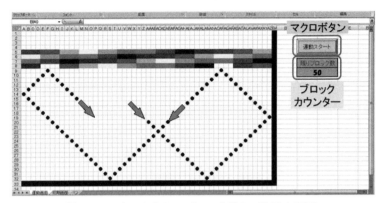

図2-3　ラケットなしのブロック崩し（軌跡を表示）

表2-3　マクロ制作後の感想

感想
おもしろいと思った。
慣れるまで時間がかかった。
マクロを理解して自分で作れるようになりたい。
難しかったが、結果が成功だと楽しい。
ブロックが全部なくなると達成感が味わえた。
最終的には授業が楽しみになるようになった。
自分の手で今まで遊んでいたブロック崩しが作れて、「こうなってたんだあ」と感激した。
マクロを作って便利さを再確認した。

21名）が欠席することなくマクロを完成させたことや感想の内容から、比較的良好な学習効果が得られたと判断できる。

2）本学における実践例

　本学では、1年次前期・後期に各1科目（必修）情報リテラシー科目を開講している。内容は、前期はタイプ練習、インターネット利用、電子メール、情報倫理、ワープロによるレポート作成、表計算の基本とグラフ作成、パワーポ

イント基本操作を、他の初年次教育 4 科目と連携して実施している。後期はタイプ練習、コンピュータ入門（概論）、エクセル応用、ワープロと表計算によるレジュメ作成（社会調査論文要約）、発表用原稿作成を実施している。1 年生のクラス分けは、情報の知識および資格取得についてのアンケートとタイプ測定により行っている。

　2 年生にも必修科目を設け、前期は情報倫理とプレゼンテーションの練習と実習（パワーポイント原稿作成と口頭発表）、後期は情報倫理と HTML によるWeb ページ作成を実施している。2 年生のクラスは学生番号別のクラスとしている。

　2 年生の前期・後期科目としてプログラミングの科目を選択科目として開講している。後期の科目で Excel のマクロ VBA を学習させている。内容は、VBA の基本操作を練習し、エクセルにおけるマクロとしての機能を利用できるようプログラムすることで、アルゴリズムや命令を理解することを目的としている。情報分野を希望する学生が主に履修している。今回はこの VBA クラスについて主に述べる。VBA クラスは毎年 50 ～ 60 名の履修者がある。PC 台数による制限のため 57 名限定で、人数を超える場合には抽選を行っている。簡単なエクセルの問題によりエクセル機能の復習（2 回）、VBA の操作方法（1 回）、VBA の例題による各種命令の説明とプログラミング（12 回）を行っている。

　最終講義の後、試験を実施し感想を求めた。その結果、「難しかった」38％、「便利だと思った」26％、「楽しい、おもしろい」13％、「理解できた」17％、「達成感があった」8％といった感想が得られた。2010 年度は教科書を用い、例題を一緒に作成しながら、練習問題を課題として提示した。例題としては、可視化した問題が多く、VBA を実行することで自動的に動作が目に見えて実行できることが、達成感を与えたり興味を引いたりしたと思われる。

（3）まとめ

　中学・高校での情報基礎教育の充実に伴い、文系大学においても、情報リテラシーやプログラミング教育が必要となってくる可能性がある。筆者の大学に

おいては、情報リテラシーと初歩のプログラミング教育を融合させた教育を実践している。数値計算や計算式を苦手とする文系学生におけるプログラミング教育は、理工系学生に対するものとは異なった教授法が必要と思われる。

　本節におけるExcelのマクロを利用したプログラミング教育は、学生に興味をもたせると同時に、達成感を与えるなど、大きな学習効果が期待できることが確認できた。今後さらに、このプログラミング教育によりプログラムやアルゴリズムを理解させるように教授法を充実させていく予定である。

　また、高校で行われている情報教育を考慮し、ムービーメーカーなどによる映像編集などのマルチメディアコンテンツを用いた教育も検討していく予定である。

3.　インターネットの利用

　インターネットの教育利用については、「情報リテラシー」教育の中で、「電子メール」「情報倫理」「ネットワーク利用の常識」などで学習をさせることが必要であった。近年においては、教育利用より以前に、学生はスマホや小・中・高等学校および自宅においてインターネットの利用を常時行っている。それは学習であったり、ゲームであったり、単に社会生活の中で必要であったりするものである。インターネットがそれほど一般的に生活の中に浸透しており、利用しないで生活することができなくなってきていることが考えられる。そのため、インターネットの教育利用そのものは、特別なものではなくなっている。

第**3**章

遠隔講義について

　前章では、インターネットの利用として文化交流を行ったが、ツールとして利用する方法として、遠隔講義を実施してきた。本章では、インターネットを利用した遠隔講義について述べることとする。

　1995 年から大学においては、インターネットが普及し様々に利用されてきた。それに伴い、いろいろな科目でインターネットを利用する試みがなされている（永野 1998、上野 1998）。それらは、外国とも簡単に交流できることから、国際交流や文化交流を目的としたものから（中田ら 1997）、インターネットの広域性を利用して、日本の広い地域でのデータ収集を活用し、科学的なデータを取得し研究したものもあった（西村 1998、高橋 1998、浅野ら 2004）。いずれもインターネットがどのように講義や学校で利用できるのか、また教育分野でどのように利用可能であるかを検討しながら、様々な試みがなされていた。

　インターネットとは別に、国土の広い米国における遠隔教育の技術や考え方が日本においても検討されるようになってきた（渡辺 1997、黄ら 1998、岡村 1998、高橋 1998）。特に文部科学省におけるコラボレーションプロジェクトにより、多大な設備投資を行って国内の大学・高専間を接続したシステムにより、遠隔という考え方は飛躍的に普及したと考えられる（文部省 1997、黒田ら 1998、永野 1998、上野 1998、近藤 2001、臼井ら 2002）。

　遠隔教育は、このような高価な設備をしなくては実現できないのであろうか。地方の私立大学においては、そのような設備投資は実現不可能である。そこで、同時期に大学間で普及してきたインターネットを利用して遠隔教育を実現できるか、検討がなされてきた（吉田ら 1998、吉野ら 1998、倉本ら 1997、上野 1998）。これらの報告でも様々なシステムが構築、試作され、実際に講義

が実施されてきた。システム環境は年々進歩し、音声や画像の質はずいぶん向上し、簡単なシステムで映像や音声を送受信することが可能となった。

　しかし、これらは実際に受講者のことを考えたシステムや教育方法であったのであろうか。この点について検討している報告は少ない。そこで、1995年から普及してきたインターネットを利用した遠隔教育を利用して、受講者の遠隔教育に対する意識を調査した。

　遠隔講義の実施方法は、各年代において、大学で接続していたインターネットを利用した。特別な専用線や専用の設備を別に設置することなく、送受信のためのコンピュータ2台とデジタルビデオカメラ2台によってできる範囲での遠隔講義を実施した。そのため、各年代においてシステムの構成や方法が異なるので、システムの進歩も調査結果に影響を与えるのかについても検討を行う。

1. 各種遠隔講義

(1) 大画面を利用した遠隔講義

　当初、とにかくインターネットを接続して画面と音声を送ることで、遠隔講義が実現できるかという点を主に調査した。

〈対象〉

　H大学2年生で情報処理応用演習を履修する情報工学科の学生56名（平均年齢19.6歳、男性52名、女性4名）を対象とした。

〈方法〉

　遠隔講義の実施は、後期講義のHTML応用の一部として実施した。1回目は、1997年11月7日の午前9時30分から10時まで、Y大学と接続して実施した。内容はネットワークの情報倫理としてネチケットについての講義を行った。講義方法はカメラの前で資料を提示しながら実施した。利用ソフトはNet Meeting（マイクロソフト社製）であった。

　2回目は1997年12月14日午前9時30分から10時まで、Y大学と接続して実施した。内容は1回目の実施で音声の聞こえにくかった部分の復習を

実施した。方法としては、資料を提示
しないで、カメラの前で講義を行っ
た。利用ソフトはCU‐See Me（ホ
ワイトパインソフトウェア社）であっ
た。遠隔講義の画像提示は教育環境の
問題でWeb上に提示できなかったた
め、大画面教室における大型画面と
120インチテレビ2台を用いて提示し

図3-1　遠隔講義提示画面とカメラ

た（図3-1）。また、学生が受講している様子は、デジタルカメラ（SONY社
製DCR-VX1000）でモニターして同時に提示した。

　H大学の専用線接続速度は512kであり、Y大学の速度は256kであった。ま
た接続した機器は、H大学側はPentium 160MHZ（東芝社製TECRA750）に
ビデオキャプチャカードをつけて、デジタルビデオから画像を入力した。Y大
学側の機器は、ビデオキャプチャボードを装備したPentium200MHZのデスク
トップ（組み立て）と17インチモニタ（SONY社製Multiscan17SF9）を用い、
同機種のデジタルビデオから画像を入力した。実施後、学生を対象に遠隔教育
に関する感想や意識についてのアンケート調査を実施し、1回目および2回目
の調査結果を分析対象とした。

〈結果〉

　遠隔講義の実施風景を図3-2に示した。画像は大画面から、音声は左右のス
ピーカーから提示した。1回目のアンケートの結果では、「遠隔講義に抵抗が
あるか」については48%が「そう思わ
ない」と回答した。また、「遠隔講義に
興味がある」学生は69%であった。し
かし、「身近に教員が接する方が勉強に
なる」については、79%が「やや思う」
「または思う」と回答している。また、
「半期の講義の中で数回なら遠隔講義
が入ってもよい」については、72%が

図3-2　遠隔講義実施風景

「やや思う」または「思う」と回答している。

　2回目のアンケート結果では、「遠隔講義に抵抗があるか」については1回目と同様のポイントが「そう思わない」であった。しかし、「身近に教員が接する方が勉強になる」については86%が「やや思う」または「思う」と回答して、1回目より7ポイント増加している。また、「半期の講義の中で数回なら遠隔講義が入ってもよい」については、57%が「やや思う」または「思う」と回答しており、15ポイント減少している。

　1回目の実施では、音声が途切れて聞こえなくなる事態が多発した。また、講義の形式としてパネルを画面に提示しながら実施した。音声の途切れる状態では、画像もほとんど静止してしまい、変更したパネルが見えなくなったり、途中で切れてしまったりして実際には何を説明しようとしているのかまったくわからない状態であった。画像の質を落として音声優先にしてもなおかつ同様の状態が継続した。そのため、1回目では期待していた学生が、2回目のアンケートでは数回なら遠隔講義が入ってもよいというポイント数が減少し、身近に教員が教える方がよいとするポイント数が増加したと思われる。

　1回目の自由記述の感想をまとめた。その結果、音声が悪いという感想が29%を示した。また、画像が悪いとの感想も13%を示した。「おもしろい講義であった」が5%、「また遠隔講義をやって欲しい」が4%あった。これらの感想から、期待して講義に望んだが、音声や画像の質の悪さが目立ったと思われる。

　2回目の自由記述の感想を1回目と同様の感想で分類した結果、「画像が悪かった」が11%あり、「音声が悪かった」が7%であった。前回に比較して画像の悪さは2ポイント、音声の悪さは22ポイント減少している。これは1回目を受講した後に比較しての感想であるため、前回に比較すれば音声も聞きづらいところはあったが、聞こえなくならなかったためである。

　さらに、講義形態を静止画像のようにカメラの前でそのままとして教材の提示なしで実施したため、画像が動くことがあまりなく、乱れることもなかったためと思われる。画質に関する質問項目の集計結果を1回目と2回目のグラフとして図3-3に示した。「画面は講義に絶えられる程度であった」という

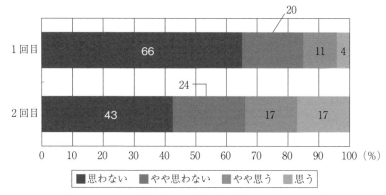

図 3-3　画面の質に関する質問比較（1回目と2回目）
「画面は講義に耐えられる精度であった」

質問に対して、「思わない」66％、「やや思わない」20％と、86％が1回目の講義では耐えられないとしている。2回目は改善がみられたため、「思わない」と「やや思わない」を合計して67％であった。クロス集計を行いカイ2乗検定の結果、有意差が認められた（df=3、χ =8.454、p=0.37）。

　音声に対する質問「音声はまあまあ講義に耐えられる」に対して、1回目は「思わない」と「やや思わない」を合計して80％であった。2回目は合計で73％であり、音声は聞こえるようにはなったものの7ポイントの減少しか見られず、クロス集計の結果も有意差は認められなかった。

〈まとめ〉

　以上のことから、学生は遠隔講義に興味をもち数回の講義を実施してもよいと考えているが、その一方で身近に教員が接することも望んでいることが認められた。インターネットを利用した遠隔教育は、衛星を用いた遠隔教育に比較すると設備的には、インターネットに接続してさえいればたいへん容易に実現可能である。

　しかし、大学で接続している専用線の速さや学内のネットの状況および接続する機器とテレビ会議システムソフトの種類などによって効率や状態が異なってくる。今回利用したのはNet MeetingとCU－See Meであった。前者はブラウザとともに配布されてくるものである。後者は購入することになる。経済的

には前者が有利であるが、学生の調査や感想からすると、今回は後者の方が利用には適していたといえる。しかし、バージョンアップや技術の進歩はめざましいため、1997年の11～12月に本実験を実施したときに比較しても、すでにバージョンアップが行われていた。そのため、今後の課題は、講義に耐えられる画面と音声を確保可能なソフトを選択することと、講義の方法を確立することであった。

(2) 遠隔交換講義　1

〈対象〉

K大学1年生で「情報演習」を履修する機械工学科の学生43名、およびD大学1年生で「情報基礎I」を履修する機械工学科の学生38名を対象とした。

〈方法〉

遠隔講義の実施は、後期講義の一部として2回交換講義の形式で実施した。1回目は、1998年11月13日の午前9時30分から10時まで、K大学で教員が講義を実施した（図3-4）。内容は、ネットワークの情報倫理としてネチケットについてであった。講義方法はカメラの前で実施する方式で、資料などは

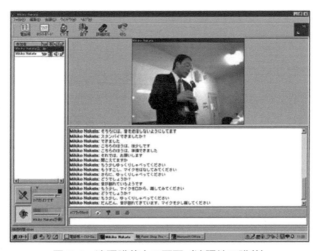

図 3-4　遠隔講義中の画面（遠隔地の講義）

Webでブラウズ可能なように、事前にサーバに入れてページとして表示した。利用ソフトは、CU－See Me（ホワイトパインソフトウェア社）であった。

　2回目は、1998年11月20日午前9時30分から10時までK大学と接続して、米国におけるWebを用いた教育の実施状況についてD大学の客員教員が講義を実施した（図3-5）。資料の提示は、米国におけるWeb教材をWebに提示して説明を行った。

　2回とも、遠隔講義の画像は、学生間に設置してあるディスプレイに提示した。K大学の専用線接続速度は1Mであり、D大学の速度は512kであった。また接続した機器は、Pentium 160MHZ（東芝社製TECRA750とGateway社製Solo9100）で、それらにビデオキャプチャカードをつけて、簡単ビデオメールキット（東芝）から画像を入力して利用した（図3-6）。

図3-5　K大学遠隔講義受講画面(受信側)

図3-6　講義に用いた教師用送信PC

　実施後に、学生を対象に遠隔教育に関する感想や意識についてのアンケート調査をWeb上で実施し、これらの結果を分析対象とした。教材およびアンケートは、学生自身で自分のPCに提示（ブラウズ）して学習・回答を行った。

〈結果とまとめ〉

　受講した時のアンケートの結果から、遠隔講義に抵抗がない学生の割合は79％であったが、遠隔講義に興味があるのは38％であった。さらに、身近に教員が接する方がよいと考える学生は90％もいた。これらは1997年の結果よりもさらに増加傾向にある。半期の講義のうち数回なら遠隔講義が入ってもよ

いとする学生は 76％で、半期全部を遠隔講義でよいとする学生は 26％であった。

　遠隔講義の画像および音声に対する評価は、「これくらいの画面なら遠隔講義に耐えられる」は 57％であるが、「音声が耐えられる」としたのは 41％であった。1997 年よりソフトのバージョンも変わっており、画像の大きさや使いやすさも向上している。さらに音声は本実験で、まったく途切れることはなかった。それでも、「これくらいなら遠隔講義を受講してもよい」とする学生は 54％にとどまっているので、実際にはさらに映像の提示方法や、音声の接続方法を改善する必要があると思われた。

　今回は交換講義として、お互いに講義をしあう方法で実施した。D 大学側の内容は「米国からの客員教員による米国におけるインターネットを利用した教育」を講義した。資料教材は Web 上で提示した。お互いの大学から資料にアクセスして、学生はそれを自分の PC で閲覧しながら講義を受講することとなる。教員の顔や講義する声は、中央にある CRT に表示するか、大きなプロジェクタに表示するかは、利用する PC 教室の設備によって異なった。音声をインターネット上にのせて送ることが難しかった。教室の音声と別々に送る必要があるだけでなく、受信した音声も教室のスピーカに配信する必要があり、各大学の PC 教室の設定によって接続が簡単な場合と、困難な場合があった。送信 PC はノート PC（東芝社製 TECRA750）で、それについているカメラにより画像を送付した。

　講義を受講した後にアンケートを実施した。今回は、Web 上でアンケートを実施して集計した。朝一番の講義で、インターネットを他で利用しないようにアナウンスして実施した。接続するまでしばらく時間がかかることもあり、学生はすぐに始まらない講義にいらいらしたこともあったと報告している。音声は比較的よく聞こえたが、教室に流す際に片方の教室ではうまくスピーカーにつなぐことができずに、音声が小さかった様子であった。

(3) 遠隔交換講義　2

〈対象〉

　K大学1年生で、「情報演習」を履修する機械工学科の学生60名、および
D大学2年生で「情報応用Ⅱ」を履修する電子工学科56名を対象とした。

〈方法〉

　遠隔講義の実施は、後期講義の一部として2回交換講義の形式で実施した。
1回目は、1999年12月初旬の午前9時30分から10時まで、K大学で教員が
講義を実施した。内容は、ネットワークの情報倫理としてネチケットについて
であった。講義方法はカメラの前で実施する方式で、資料などはWebでブラ
ウズ可能なように事前にサーバにアップロードしてページとして表示した。利
用ソフトはCU‒See Me（ホワイトパインソフトウェア社）であった。2回目
は1回目の次の週、午前9時30分から10時まで、K大学と接続してD大学
の教員が著作権について講義形式で実施した。資料はWebで提示して説明を
行った。

　2回とも、遠隔講義の画像は、学生間に設置してあるディスプレイまた
は、大画面に提示した。K大学の専用線接続速度は1Mであり、D大学の速
度も1Mであった。また接続した機器は、K大学側はノートPC（Panasonic
CF-M1）で、それにビデオキャプチャカードをつけて簡単ビデオメールキッ
ト（東芝）から画像を入力した。D大学側の機器も同様のノートPC（Gateway
社製Solo9100）で、それに同様のビデオメールキットを接続して実施した。
今回は、他の施設などでも簡単に持ち運んで設置可能なように、両大学ともに
ノートPCによる機器を設定して、持ち運び可能なシステムで行った。

　講義後に、学生を対象に遠隔教育に関する感想や意識についてのアンケート
調査を実施し、これらの結果を分析対象とした。教材およびアンケートは、学
生自身で自分のPCに提示（ブラウズ）して学習・回答を行った。

〈結果とまとめ〉

　実際に実施した時の受講学生の様子を写真で示した（図3-7）。右側がD大
学における受講学生の様子で、左下がK大学の受講学生の様子である。学生

にはそれぞれのディスプレイが、中央には教材提示用のディスプレイが設置されている。資料は自分のPC上にブラウズして表示し、中央のディスプレイには講義を行っている教員の顔などを表示した。中央のディスプレイに表示される画面は図3-8で、左側はK大学で遠隔講義をする教員の資料である。D大学

図 3-7　遠隔講義受講画面

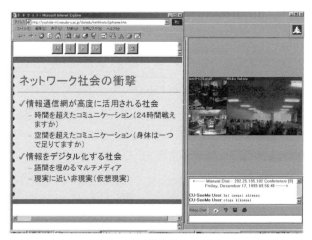

図 3-8　遠隔講義中の画面

の学生は、教室でこの画面を見ていた。学生は資料を、自分の前にあるパソコンでブラウズして表示することもできた。

この画面と同時に、音声もスピーカーから教室に流した。K大学ではマイクの入力に教室のマイクを用いたため、送信する音声がスピーカーからの音声を拾っており、D大学の学生からは響いて聞きにくいといった感想があった。

講義に抵抗がない学生の割合は57%であったが、遠隔講義に興味があるのは52%であった。さらに、身近に教員が接する方がよいと考える学生は82%もいた。1997年の結果とほぼ同様である。半期の講義のうち数回なら遠隔講義が入ってもよいとする学生は76%で、半期全部を遠隔講義でよいとする学生は23%いた。

今回の遠隔講義の画質・音質に関する質問で、「これくらいの画面なら遠隔講義に耐えられる」と答えた学生の割合は43%であるが、音声が耐えられるとしたのは17%であった。最近は、学生自身の利用する身近なソフトにおいても、画像や音声を扱っているコンテンツが増加しているので、よりよい画像や音声に慣れているからではないかと考えられる。

講義の後、両大学の学生からの質問を受け付け、教員は両大学の学生の質問に回答した。教員が講義を実施する時に、遠隔地にいる学生の様子が見えないと講義がしにくいため、両大学では学生も表示した。音声の入力については送信マイクと、教室のマイクを重ねて持って講義を実施し、音声も直接送信した。

「これくらいなら遠隔講義を受講してもよい」とする学生の割合は44%にとどまっているので、今後は映像の提示方法や、音声の接続方法をさらに改善する必要があると思われた。

（4）Bフレッツを利用した遠隔講義 1
〈対象〉

2004年度教職科目履修者2年生、工学部25名および現代社会学部6名（平均年齢19.2歳）を対象とした。

〈方法〉

　講義開講場所は、工学部 3 号館 4 階 MS 教室（PC50 台とプロジェクタ設備のある教室。機材は図 3-9 を参照）、現代社会学部 3 階マルチメディア教室（PC120 台とプロジェクタ設備のある教室。機材は図 3-10 を参照）。両キャンパス間の距離は、車による移動で 20 分かかる程度である。

　通信回線は B フレッツファミリーの IP 固定を 2 回線利用した。利用ソフトは DVcomm（ファットウェア株式会社製：ホームビデオや業務用ビデオとして採用されている DV（デジタルビデオ）規格の高画質映像とステレオ音声を、

3 号館スタジオの
カメラを利用

デジタルビデオで講義を録画する
と同時にコンピュータにキャプチャ

送信コンピュータ

図 3-9　中野キャンパス機材

デジタルビデオカメラ、集音マイク　　　　　　　　　送信コンピュータ

図 3-10　上瀬野キャンパス機材

ネットワーク経由で伝送するために開発されたソフト）である。

　使用機器は、送受信のPC（Pentium4　2.8G以上のもの256M以上を搭載、送信の場合DV端子有り）、DVカメラ1台およびスタジオカメラ1台、送信音声用マイクであった。座学の講義であるため、講義は資料をWebで提示し、講義室では同じ教材をプロジェクタからスクリーンに提示して、教員はその前で指示棒とマイクを持って講義を行った。スクリーンと教員をカメラで撮影してPCへDV入力し、別のキャンパスにあるPCへ送信する。音声および画像の調整は毎時間講義前に、内線電話で行う（図3-11）。

　担当は、実際の講義をする教員1名（講義する側のキャンパスにおける機器の設置および整備も行う）と、受信側の教室に待機する教員1名（受信機器の設置および整備を行う）、さらにどちらかに大学院生のTA補助が1名（カメラの機器や送受信機器の操作補助）の3名であった。

　講義終了時に毎時間、遠隔講義側と講義側においてアンケート調査を実施した。講義のWebページのキャンパス名が記載されているバナーをクリックすると表示されるアンケートへの回答を求めた。

〈結果〉

　それまでに得られた結果とは異なり、「遠隔地で講義をしてもらうことに抵抗がある」については「思わない」「やや思わない」が71％であった。また、「半期の講義の中で数回なら遠隔講義が入ってもよい」という質問項目では、

上瀬野　受信画面

中野　送信画面

図3-11　送受信画面

83.9％の学生が「やや思う」「思う」と回答した。「この程度なら遠隔講義を受講してもよい」については、63.4％の学生が「やや思う」「思う」と回答している。

（5）Bフレッツを利用した遠隔講義　2

〈対象〉

　教職科目履修者2、3年生、工学部23名および現代社会学部2名（平均年齢19.2歳）を対象とした。

〈方法〉

　講義開講場所は、工学部3号館4階MS教室（PC50台とプロジェクタ設備のある教室）、現代社会学部3階マルチメディア教室（PC120台とプロジェクタ設備のある教室）。前回の調査と同様の教室、通信回線、設備で実施した。異なるのは音声のみで、前回の調査ではDVcommで音声が途切れることがあったため、今回は通常のインターネット回線を経由する無料電話Skypeで工学部と現代社会学部間を接続した。映像は、Bフレッツ回線で配信することとした。事前の機器調整もすべてSkypeを接続して音声で行った。

　担当は、実際の講義をする教員1名と、講義する側のキャンパスにおける機器の設置および整備をするTA1名、さらに受信側の教室に待機するTA1名（受信機器の設置および整備を行い、カメラの機器や送受信機器の操作を補助する）の3名とした。

〈結果〉

　今回もそれまでの結果とは異なり、「遠隔地で講義をしてもらうことに抵抗がある」について「思わない」「やや思わない」が95.2％と大変高い割合を示した。また、「半期の講義の中で数回なら遠隔講義が入ってもよい」という質問項目では、90.9％の学生が「やや思う」「思う」と回答した。「この程度なら遠隔講義を受講してもよい」については、95.2％の学生が「やや思う」「思う」と回答している。「身近に教員が接する方が勉強になる」については、それまでの結果と同様、「思わない」「やや思わない」が42.9％、「やや思う」「思う」が57.1％であった。

(6) 全調査分析

　1997 ～ 2007 年度に実施した遠隔講義に対する意識調査を年代別にクロス集計した。その結果、「遠隔地で講義をしてもらうことに抵抗がある」においては、有意な差が認められた（df=20、　χ =81.620、p=.000）が、年度によって抵抗がなくなっている傾向だけでなく、年度ごとに回答の傾向が異なっていることにも有意差が認められた。「身近に教員が接する方が勉強になる」においては、やや思わない傾向になっているが、有意な減少ではなかった。「半期の講義すべて遠隔講義でもよい」という項目で有意差が認められた（df=12、χ =71.088、p=.000）。年度を経るごとに遠隔講義でもよいという回答数が有意に増加していることが認められた。

　また、「画像は講義にまあまあ耐えられる」という項目でも有意差が認められた（df=9、　χ =42.494、p=.000）。年度を経るごとに、画質がよくなっていることが判明した。さらに、「音声はまあまあ講義に耐えられる」という項目についても有意差が認められ（df=8、　χ =44.102、p=.000）、年度を経るごとに、音質も改善されていることが明らかとなった。これらの結果から、技術の進歩により音声や画像は受講者にとって講義に耐えられる品質になる方向にあり、技術の進歩が遠隔講義に対する意識にも影響を与えることが示唆されたといえる。

　以上の結果から、遠隔講義に対する受講生の意識は、年度を経て機器の進歩に伴い変化してくることが認められた。特に、遠隔講義における画像と音声については、技術の進歩がそのまま意識に影響し、より好意的な回答数を増加させていることが認められた。このことは、進歩的な技術を取り入れて音声や画像の質を向上させることで、遠隔講義を実際の講義の中に取り入れていくことが可能であることを示している。ただし、「身近に教員が接する方が勉強になる」については現在でもそう思う傾向にあるので、遠隔講義で身近に接することが不可能な場合でも、何らかの方法で教員と受講者とのコミュニケーションをとることが必要である。

　コンテンツについては、単位を取得するための科目だけでなく、他大学の教養教育で自分の大学にはない単位互換科目などを取り入れることで、学生が興

味をもって受講可能であろうと思われる。

（7）まとめ

　本節においては、その時大学に設置されていたインターネットのシステムやインフラを用いて遠隔講義を実施した。実施後に、受講者にアンケート調査を実施し、年代別に結果の比較を行った。その結果、次の2点が示唆された。

①対象とした10代後半から20代前半の学生にとっては、「身近に教員が接する方が勉強になる」とする考えが強く、学習に関して教員に依存している部分が多い。

②技術の進歩に伴い、「半期の講義すべてを遠隔講義で受講してもよい」という回答が増加し、今後は通常の講義の中に一部分遠隔講義を含んだ講義を実施できる可能性がある。

　現在では一般家庭にもブロードバンドが普及しつつあるため、インターネットで配信される遠隔教育システムを利用すれば、社会人から高齢者まで遠隔で公開講座や社会人講座などを受講可能となり、活発な社会参加や、自己啓発を行うことができると思われる。大学としても今後の高齢化社会に貢献できる可能性があるのである。

2. インターネットを利用した高齢者の生涯学習

　昨今の高齢化社会において、一人暮らしの高齢者はますます増大する傾向にある。高齢者の一人暮らしにおける不安は、健康に対するものが最も高いと思われる。そのため、様々な安否確認方法やシステムが試作、開発されている（阿部1997、平嶺1998、菊池ら1997）。しかし、高齢者にとって使いやすい機械がないのが現状であり、利用頻度は低いままである。インターネットを利用した安否確認システムを開発し、高齢者専用集合住宅に設置した例もある（ケアハウス安芸中野）。しかし、入居者の利用は少なく、コンピュータに対する意識や期待についても低いことが認められた（鋼ら1999、中田ら2000）。

　インターネットの普及やブロードバンド化に伴い、コンピュータ機器の価格

低下も付随して、一般家庭でもより快適な情報環境を安価に手にすることが可能となった。そこで、高齢者の安否確認のみでなく、さらに効果的な利用方法があるのであれば、高齢者の情報機器の利用促進にも貢献できると考えられる。そのひとつが、生涯学習ではないだろうか。特に、高齢者が一人で暮らしていく活力を持つためにも社会参加や生涯学習が必要になると思われる。そのための情報収集にインターネットは不可欠であり、また大変有効であると考える。実際、学習の場に移動して受講することが困難な場合には、インターネットを利用した遠隔生涯教育が有効になると思われる。

　そこで本節では、D大学で試作した高齢者向けインターネット端末（以下、高齢者端末）を利用して、大学が実施する公開講座を配信して遠隔教育で高齢者が受講可能であるかを検討した。高齢者端末からの講義を実際に受講し、今後興味のある内容が配信されれば、端末を利用し学習を継続していくことが可能であるか、また積極的に端末を利用していくことが可能であるかを検討するため、実際に高齢者が使用した際の画質・音質などの評価を調査した。

〈対象〉

　高齢者集合住宅「ケアハウスA」における高齢者端末導入居宅10名を調査対象としたが、実際に当日に参加した9名を分析対象とした。年齢は65歳以上80歳代までであった。さらに、集合住宅管理室職員の20代から50代10名も比較のため調査対象とした。

〈方法〉

　高齢者端末の操作説明は以前に実施し、タッチパネルに慣れてもらう講習会を実施しているため、高齢者端末の基本操作であるクリック・ダブルクリックは可能であった。10名の高齢者に対して学生アシスタント2名、ケアハウスの職員1名が補助として説明に参加した。概略説明を行った後、高齢者端末の操作説明を再度行った。生涯学習についてのページを提示したうえで、「公開講座で公演を聞くように、インターネットを使って講座を聞いてみてください。画像や音などまだまだ改善が必要です。また、内容はどのようなものが必要でしょうか。みなさんのご意見をお聞かせください。受講後、簡単なアンケートにご記入をお願いいたします」と説明した。実際に提示される画面を図

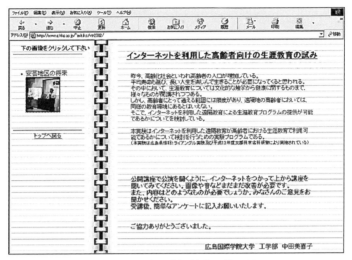

図 3-12　遠隔生涯教育配信画面

3-12 に示した。左の写真をクリックすることで、動画が開始するように設定した。試験受講は 3 分程度であった。受講後にアンケートを配布し、読み上げながら質問項目に印をつけてもらった。職員についても同様の教示を行い、試験受講の後でアンケートに回答を求めた。アンケート作成に際して、コンピュータの用語などを高齢者が理解できないため、遠隔教育を「パソコン画面勉強」とし、また半期の期間を 3 か月として、CRT やディスプレイは画面として質問した。実施したアンケートを表 3-1 に示した。アンケートの対象年齢は 60 代以上の高齢者を想定している。書き込みのあったアンケートすべてを調査対象とし、集計・分析を実施した。

　サーバへの接続方法は、ISDN による電話回線で接続する方法（平成 8 年郵政省お年玉つき年賀はがきによる寄付金で設置）と、大学と特別老人ホーム経由でケアハウスを接続する無線 LAN による接続方法（平成 13 ～ 14 年度文部科学省科学補助金の一部で設置）が選択できる。事前のアクセスにより、無線LAN による方法を用いると配信する動画の質が良いことがわかったので、こちらの方法のみで実験を実施した。

表3-1　高齢者への質問項目

	質問項目
1	パソコン画面で勉強することに抵抗がある。
2	パソコン画面勉強に興味がある。
3	身近に指導する人が接する方が勉強になる。
4	ビデオ等の画面からの勉強はおもしろくない。
5	テレビ電話による勉強に興味がある。
6	テレビ電話には興味があるが，勉強はいやだ。
7	パソコン画面勉強でも有名な先生なら受講したい。
8	3か月の勉強すべてパソコン画面勉強でもよい。
9	パソコン画面勉強は無味乾燥でいやだ。
10	画面は勉強にまあまあ我慢できる。
11	画面からの音は勉強にまあまあ我慢できる。
12	画面からの音は電話にはいいが、勉強には我慢できない。
13	これくらいの画面と音声なら、パソコン画面勉強を受けてもよい。
14	どのような勉強があれば聞いてみたいか、具体的に記入してください。

〈結果〉

　高齢者と職員の集計結果を比較した。「パソコン画面で勉強することに抵抗がある」という質問に対してχ二乗検定の結果、高齢者と職員の間で有意差が認められ（χ=8.88、$p<0.05$）、抵抗があると「やや思う」また「思う」と回答した割合が高い値を示した（図3-13）。その他の項目については、高齢者も職員も同じ割合であった。「パソコン画面勉強に興味があると思う」が両群ともに50％以上を示した。また、「身近に指導する人が接する方が勉強になる」という項目については、「やや思う」が21％、「思う」が79％となった。「ビデオ画面の勉強はおもしろくない」という項目では、「思わない」と「やや思わない」で40％、「やや思う」と「思う」で49％と半々程度であった。大学の半期を想定して「3か月の勉強すべてパソコン勉強でもよいと思うか」については、「思わない」が高齢者77.8％、職員44.4％であった。

　画面については「まあ我慢できる」は、「やや思う」が52.9％、「思う」が29.4％であり、比較的我慢できる画面であることが認められた。音について

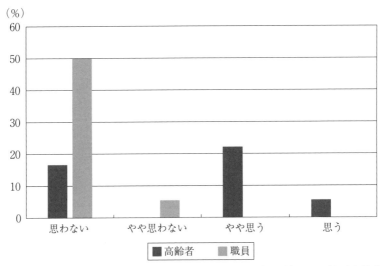

図 3-13 「パソコン画面で勉強することに抵抗がある」に対する回答（高齢者と老人ホーム職員）

も「我慢できるか」は、「やや思う」と「思う」で 70％を超えていた。さらに、この程度なら「パソコン画面勉強を受講してもよいと思うか」については、両群ともに「やや思う」および「思う」で 50％以上を示した。

〈まとめ〉

　今回の試験受講の結果より、無線 LAN のスピード程度（11Mps）の画質・音質であれば遠隔講義を受講してもらえる可能性があることが示された。興味のある分野については、音楽や旅行の関連、郷土史などに興味があると記載されていた。

　一方、画面で受講するため、目の悪い高齢者にとっては長く見ていられないという感想もあった。教材は内容的にさらに高齢者の興味が持てる、わかりやすい学習教材の開発を検討していく必要があると思われた。

　また、設備的には職員の感想に実用性はまだないのではないかという指摘もあった。これらの問題は技術的また機械的な問題であるため、今後のコンピュータや周辺機器の開発技術に期待したい（本実験は、広島県 平成 12 ～ 13 年度情報トライアングル協賛プロジェクトおよび平成 13 ～ 14 年度文部科

学省研究補助金によって実施された)。

3. 高大連携遠隔講義 ― 広島県備北地区における大学から高校への遠隔講義 ―

近年、E-learningや遠隔講義は様々な内容や形式で行われ、学習効果を上げていると報告されている。特に遠隔講義については、離れた大学キャンパスにおける同時講義や、人数の多いクラスにおける遠隔講義併用開講など、同じ大学内での開講が多く報告されている。大学間においては、それぞれの地域にある大学コンソーシアムで実施している単位互換制度における科目の中で、遠隔講義で開講しているものもある。今までの報告では、インターネットの速度および機材の性能などに依存しているため、機器の進歩により改善が多く見られると思われる。

教育ネットワーク中国では、備北地区における高校からの大学進学を支援するため、オープンキャンパスへの送迎を補助金事業として行った。補助金事業の中に高大連携による大学の講義を高校で聴こうというものもあったので、遠隔講義を企画し実施したので報告する。

〈ネットワーク機器設備〉

備北地区における高校は、「平和ネット」といわれる広島県教育委員会が配置しているネットワークを利用してインターネット接続を行っている。インターネットテレビ会議システムを利用するため、広島市内の大学間で接続テストを行った。映像、音声ともに快適に見聞きすることが可能であった。次に、備北地区の高校と実際に接続テストを実施した。接続はするが、画面もコマ送りの映像となり、音声も途中で途切れることが頻発した。インターネット回線のスピードが遅いための現象であった。

そこで、Bフレッツ光が接続可能である高校には光接続を、ADSLの接続のみの地区にはADSLの接続を新たに引いて高校内に配線を行い、再度接続テストを実施した。

光接続・ADSLともに、画像・音声とも快適な接続状況が得られた。

図3-14 テレビ会議画面
1. 提示パワーポイント画面、2. 講師・教員、3. 高校側
生徒、4. 高校側提示画面

〈会議システム〉

遠隔講義では、会議システムとして
V2 Conference 5.6.0.20 を用いた（図
3-14）。

〈方法〉

講義方法については、以下の条件で
行うこととした。

図3-15 大学側講義設備

　①資料はプレゼンテーション用ソフトで作成して、大学から高校側へ配信し
　　ながら講義する。

　②講義時間は45分とする。高校の授業時間なので短くまとめる。

　③手持ち資料が必要であれば、事前にメールで送付しておく。

　④大学側の設備は、カメラ、コンピュータ2台、マイクスピーカー（図
　　3-15）。

　⑤高校側の設備は、カメラ、コンピュータ1台、マイクスピーカー。

　授業については、高校・大学両方へ技術サポートの人員を各1名配置して機材を設置した。福祉関連の講義、経済関連講義、世界遺産関連講義、哲学関連講義など、2009年度前期は6科目を1高校へ配信であったが、2009年後期では、7科目を4高校へ配信、2010年前期には、9科目を4高校へ配信している（表3-2、図3-16）。

　講義終了後、高校側教員と生徒にアンケート調査を実施した。また、講義を実施した大学教員にもアンケートを実施した。

〈結果〉

　高校生へのアンケート調査の結果、すべての生徒は、今までに遠隔講義を受けた経験がない生徒であった。「遠隔地で授業してもらうことに抵抗がありますか」については、「ない」「あまりない」が80%、「遠隔授業に興味がありますか」については、「ある」「ややある」が78.3%であった。さらに「1学期の授業の中で数回なら遠隔授業が入ってもよいと思いますか」では、「思う」「やや思う」が79.5%であった。

表3-2　2010年度前期講義科目一覧

日　時	高校	実施大学	講座名
7月8・15日	三次	比治山大学	「人口減少、少子・高齢社会」で「地域社会」を解く
6月30日 7月7日	庄原格致	広島経済大学	経済を見る目を磨く
6月21・28日	庄原格致	広島工業大学	インターネットの仕組み
6月10・17日	向原	広島国際大学	福祉の世界へようこそ！
6月15・22日	三次・日彰館	広島国際大学	人とデザイン
6月18日 7月9日	三次	広島修道大学	航空と空港
6月1・8日	向原・日彰館	広島修道大学	サブプライム以降の経済情勢と企業動向について
6月4日 7月12日	向原・日彰館	広島女学院大学	英語でコミュニケーション
8月25・30日	庄原格致	広島女学院大学	漢字の世界―当て字の話― 漢字の世界―名前と漢字―

図 3-16　遠隔講義　イメージ図
（出典：教育ネットワーク中国 2010 年度報告書）

　質問項目の「身近に教員がいるほうが勉強になりますか」についてのみ、86.9％の生徒が「そう思う」と回答した。実際に「遠隔授業が 1 学期に含まれてもよいと思うか」については、「思う」と「やや思う」は 79.5％であった。「遠隔授業は無味乾燥でいやですか」については、「思わない」と「やや思わない」が 75.1％であった。

　質問項目の「通常の授業と大差なく無理なく遠隔授業を受けることができましたか」については、「よくできた」「できた」が 68.1％であった（図 3-17）。「あなたはこの授業の内容を理解できましたか」では、97.9％の生徒が「理解できた」「ほとんど理解できた」と回答した（図 3-18）。「今回の授

よくできた
12.8％

あまりできなかった
31.9％

できた
55.3％

図 3-17　遠隔講義アンケート回答（通常の授業と大差なく無理なく遠隔授業を受けることができたか）

業は将来の進路の選択に役に立ちそう
ですか」では、91.5%の生徒が「大変
役に立ちそう」「少し役に立ちそう」と
回答した（図 3-19）。

　自由記述について、「思ったより良
く、近くに先生がいるようだった」「楽
しかった」「普通の授業と変わりなかっ
た」など肯定的な回答が多く認められ
た。また、「コミュニケーションがとり
づらい」といった回答も数名から挙げ
られていた。

　高校教員へのアンケートでは、「音声
は明瞭に聞こえましたか」では、「よく
聞こえた」「聞こえた」で100%、「映
像は鮮明に見えましたか」については、
「よく見えた」「見えた」で100%、「通
常の授業と大差なく、生徒が本授業を
受けていたように思われましたか」で
は、「思う」「やや思う」で100%の回
答が得られた。

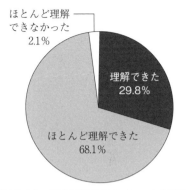

図 3-18　遠隔講義アンケート回答
（授業内容を理解できたか）

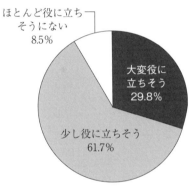

図 3-19　遠隔講義アンケート回答
（進路に役立つか）

　大学教員によるアンケートでは、「技
術の進歩に感心した」「大学構内で講義ができるので時間の節約になる」など
の好意的感想が示された。その一方で、「パワーポイントだけによる講義に限
界を感じる」「高校生の反応がわかりづらい」という批判的な感想も得られて
いる。特に「人手も機材もかかるのでこのような講義は大変」といった問題点
も指摘された。

〈まとめ〉

　高大連携による遠隔講義の結果、高校生には興味深く授業を受けてもらうこ
とが可能であった。また、今回は文系の科目がほとんどであったため、高校か

らも理系の科目が受講したいという要望があり、今後も高大連携の講義を継続していくことが必要であることが認められた。

　広島県備北地区においては、接続テストをして県立高校のインターネット回線が遅いことで、別に回線を接続した。また光ケーブルの届かない地区もあり、インターネットそのもののインフラに地域格差があることが認められた。今後は、インフラ整備の必要性を訴えていくとともに、過疎地域への連携も含めて検討をしていく必要があると思われる。

4．Web とブログを用いた遠隔教育 ── 再履修クラスの試み ──

　1年生の必修科目の単位を取得できず、再履修クラスが別途開講されていない場合、通常2、3年生では時間割の都合で1年生の講義をなかなか受講できない場合が多い。つまりは、1年生で必須科目を取得しないと、受講に大変不利となり、受講のために多大な労力が必要となってくる。そのため、4年生まで単位の取得を引き伸ばしてしまう学生も少なくない。

　現在の大学教育では、学生サービスの向上のためにもこのような不利益を解消すべく、カリキュラムや時間割や開講クラスなどを工夫することが必要である。そこで、本学では1年生必修科目である情報リテラシー関連科目である「CPコミュニケーションⅠ」の再履修において、遠隔講義による開講で時間割などによる不利益を解消し、再履修を希望している学生がすべて受講できる開講方式を試みた。

　遠隔講義には大きく分けて、講義を開講しているときにその講義を遠隔地で受講する「同期型遠隔講義」（永田ら2004）と、学生の都合のよい時間に講義ビデオや説明などを受講する「非同期型遠隔講義（オンデマンド）」（中田ら2005）の2方式が挙げられる。同期型遠隔講義は、同時に開講して、講義の画像と音声および各種データをインターネットなどを用いて送受信する方式である。この場合は、開講場所が異なっており、遠隔地にあることによる遠隔同時開講であるといえる。この方式のメリットは、キャンパスが遠い場合でも2コマ開講することなく、1コマの開講で異なったキャンパス間で受講できるこ

とである。通常の講義をビデオ画面などで学習していることに比較して、その場で質問できるなど双方向で対面の同時開講である。

　一方、遠隔講義を非同期型で実施する場合には、本人のアクセスが出席回数と同様の扱いとなるであろう。学生が都合のよい時間に都合のよい場所（大学、自宅など）でインターネットにアクセスして、どこでも学習可能であることが、大きなメリットであると思われる。

　これら2方式には、どちらが何に適しているのかについてもいまだ結論はでていない（萩原ら 2004）。また、これら2方式どちらも遠隔講義として認識されている。今回の再履修クラスについては、同時に講義を受講することが困難である集団であることが前提のため、後者である非同期型遠隔講義を実施した。

　実施する内容はすべてWeb（インターネット上、HTMLで書かれた文書をブラウザで表示する方式のページ）とブログ（Webと同様、インターネット上にHTMLで書かれた文書であるが、個人の日記のように順に記載していくことで簡単に更新して順に読むことが可能な方式のページ）によって学生に連絡する。学生は指示に従って課題を遂行し、Webシラバス支援システムで提出していく。2007年度、本学で初めての試みであるため、今後の改善点も含めて検討するため、実際の講義内容と学生の履修成績結果およびアンケート調査について報告する。

〈対象〉

　2年生から4年生の学生23名（2年生11名、3年生7名、4年生2名、卒延生2名、科目等履修生1名）で、「CPコミュニケーションⅠ」の単位を未取得の学生が講義対象者であった。

〈方法〉

　講義科目は、1年生必修科目「CPコミュニケーションⅠ」として開講されている情報リテラシーの科目を対象とした。1年生では情報リテラシーと英語および基礎ゼミ（導入教育的な内容）が全学必修となっており、今回は情報リテラシー科目の再履修クラスを開講した。

　講義内容は、土曜日の13時からの開講として、教務の履修上は開講した。

講義最初の1コマのみ、実際の履修方法や内容について以下の説明を実施した。

①遠隔講義で実施するため講義はインターネット上で開講し、課題を提出することを説明。

②メールの使い方についての確認。

③Webを使って、具体的な講義内容と課題の大まかな内容を説明。

④最初の講義を受講し、課題をメールに添付して送付（メールアドレスの確認）。

⑤Webページのアクセス方法とブログのアクセス方法、および課題の提出方法を確認。特に、ブログについてはIDとパスワードでアクセス制限をかけているため、アクセス方法についての確認が必要であった。

以上の説明の後、2回目からは毎週金曜日に新しい課題や解説を記載するので指示に従って課題を提出して講義を受講していくことを確認した。

さらに、メールが送付可能であることの確認のため、メールを送付させ、その場で返信可能であるかも確認した。基本的には、大学に在学中は大学のメールを積極的に利用させるためと本人確認のため、大学のメールアドレスから送付することを周知した。すべての個別連絡は、送られてきた大学のメールアドレスにメールを送付して行うこととした。

学生から送付されたメールに対し、基本的な常識について、メールの書き方、署名の有無と作成方法についてチェックし、コメントをつけて返信を行った。4月の段階ではWebシラバス支援システムによる課題提出が稼動していなかったため、課題はメールに添付して送付することを伝えた。メールの添付方法も同様に最初の講義で説明を行い、実際に1回目の課題であるワープロファイルを添付して送付させた。

毎週金曜日にブログへ課題を書き込み、課題を遂行してメールに添付して提出させた。課題は、ワープロ課題3課題、表計算の課題1課題、コンピュータ入門を学習した課題5課題（小テスト）とまとめ試験で構成されており、これら9つの課題提出と試験の合格点（60点以上）取得で単位を認定した。

　課題の説明はブログで指示し、PDF ファイルで具体的な内容の説明を読め
るように記載した。説明を読んでも理解できない場合には、メールやブログに
コメントで学生から質問があり、個別に回答すると同時にブログに補足説明を
記載することで、すべての学生に同じ対応となるように実施した。実際に講義
に用いた再履修クラスの Web ページを図 3-20 に示した。

　講義の Web ページは原則学内専用サイトとして運営されているため、学外
からの連絡方法および毎週の細かな講義の内容を記載する方法としてブログを
プロバイダ上に開設した。履修者以外の者が見ることを避けるため、ブログ
には ID とパスワードを用いてアクセス制限をつけて開設した。アクセス制限
があるため、学生は安心してブログに質問をコメントすることができた（図
3-21）。特に、ブログのコメントに書き込んで質問することで、質問者以外の
学生にも質問内容と回答を確認することが可能であった。さらに、文部科学省
の遠隔講義の開講条件にある、学生同士のコミュニケーションは、このブログ

図 3-20　講義の Web ページ

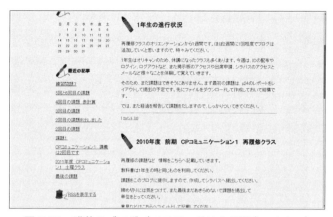

図 3-21　講義のブログ（パスワードにより限定アクセス）

によるコメントでお互いに可能であった。

　最終まとめ試験の実施後に、大学のFDアンケート（いわゆる"授業改善ア
ンケート"。通常は紙により実施し、学生が回収して教務へ提出することで実
施している）もWeb上で実施し、さらに今回の講義に対するアンケートも別
途実施した。

　最終まとめ試験はWeb上で実施し、時間制限40分で選択肢から解答を選
んで送信する方式であった（図 3-22）。試験の実施アドレスはブログで連絡を
行った。合否は、メールで個別に連絡し、不合格の学生には、大学の連絡用
Web掲示板および個別メールで再試験の連絡を送付した。再試験を受験した
学生には、受験終了後メールを送付してもらい、受信後できるだけ早く（24
時間以内に）合否を連絡した。60点以上で合格するまで試験を実施したが、2
度目の再試験までにはすべての受験者が合格した。まとめ試験の内容は、小テ
ストで毎週実施した確認テストで、コンピュータの概論とメールの常識であっ
た。

　5月21日の提出課題からWebシラバス支援システムによる課題提出が可能
となったため、課題の提出をシラバスシステムに切り替えた（図 3-23）。メー
ルによる提出では、個別に締め切りまでに送付してくるため、遅れても拒否す
るということはなかった。シラバスシステムでは、提出期限を設定する必要が

図 3-22　Web による試験見本

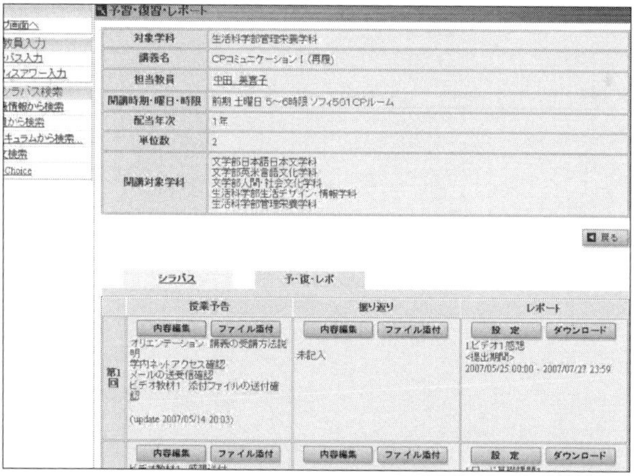

図 3-23　本学シラバスシステム（2010 年シラバス提示画面）

あったため、必ず提出期限がくると提出不可能となるシステムであった。

　学生画面には、課題提出がされていない場合、科目のレポート提出の欄に赤字で「未提出」と表示される（図 3-24）。科目をアクセス表示させた場合も、横に「未提出」の赤字が表示されるため、未提出課題が存在することが明確に理解できる仕組みになっている。そのため、課題についての警告が与えられることとなり、課題提出を促す形式になっている。

図3-24　本学シラバスシステム（2010年課題提示画面）

〈結果とまとめ〉

　アンケートを集計した結果、遠隔講義について抵抗がなく、肯定的であることが見受けられた。「遠隔地で講義をしてもらうことに抵抗がある」については、「ない」「あまりない」が78.6％であった。しかし、「身近に教員が接する方が勉強になる」については、「やや思う」と「思う」で78.5％であった。さらに、「遠隔講義は無味乾燥でいやだ」については、「思う」が64.3％となっている。しかし、最終の記述式アンケートによる結果では、「都合のよいときに受講できてよかった」「楽しかった」「質問のメールに返事がもらえて意欲的に取り組めた」などが50％を超えた（表3-3）。さらに、再履修になった最大の理由である出席日数について、「出席できないことが多くて単位が取れなかったので、遠隔講義でよかった」とした学生が86％であった。実際に、このように回答をした学生はすべて試験に合格し、単位を取得することができた。

　次に、課題の提出頻度と単位取得の

表3-3　アンケート回答一覧

都合のよいときに受講できてよかった。	57%
楽しかった。	57%
質問のメールで返事がもらえて意欲的に取り組めた。	50%
すぐにその場で質問をすることができなくて、解決まで時間がかかった。	7%
出席できないことが多くて単位がとれなかったので、遠隔講義でよかった。	86%

関係について分析した。課題の提出頻度が 70％以上の学生はすべて単位を取得した。それ以下の学生は単位を認定できなかった。彼女らは、2 〜 5 回目の課題からの提出が未提出となり、課題を遂行できなかったので、単位が認定されなかったと思われる。課題を提出していない学生には、個別にメールによる催促を頻繁に行っていたが、すでに 2 回目から未提出になっている学生からはメールが返信されることはなかった。

　今回の再履修クラスでは 82％の学生が遠隔講義で単位を取得することができた。さらに、記述式の感想では、特に遠隔講義であったことによる受講のしやすさを述べているものが多い。このことから、個別指導が必要とされる再履修クラスにおける遠隔講義での開講方式は有効であったと思われる。開講した科目が必修科目である点も、学生の動機づけを高め、課題提出頻度を上げる要因となったと思われる。しかし、「都合のよいときに受講できる」という利点は、再履修クラスにおける時間割の物理的煩雑さを補完すると思われる。また、最後のアンケートの記述からも、「教員からの返信が遅れると不安になる」と記述しているものがあるため、学生からのメールやブログのコメントなどにおける返信は、できるだけ早く最低でも 24 時間以内に返信して回答することが必要であると思われる。

　ただし、科目の質によっては遠隔講義に適さない科目もあることを認識したうえでの対応が必要である。さらには、開講する際の教材の作成について、大学からのサポートや情報管理部門からのサポートが不可欠であることが開講の条件であると思われる。今後、遠隔講義によるサポートで、学生をきめ細かく指導可能となることが期待される。

5.　2020 年の遠隔講義

　2020 年 2 月からの COVID-19 の影響により、大学での講義が 100％遠隔講義で開講するという緊急事態となった。今までの経験と最近のツールを利用して、すべての教員が遠隔講義を開講していくことが必要であった。

　遠隔講義を研究実施した初期に比較すると、多くの家屋にはブロードバンド

の通信回線が引かれており、特に大都市圏においては光ファイバーによる回線が普通に利用されていることが多くなってきている。広島地区においてはまだ5Gによる大容量回線は接続されていないが、光回線の普及も広島県全域に広がりつつある状況である（図3-25）。備北地区における高校への遠隔講義を提供した時代には、備北地区においては光回線が通っていない地域が多数であった。地図によると現在ではほぼ全域にわたって光回線が利用できるようになっている様子である。ただし、まだ未提供地域が広島県内には残っているため、この地区に遠隔講義を受講しようとする学生や生徒が在宅していた場合には他の接続方法を検討する必要があると思われる。しかし、現在ではスマホのテザリング、Wi-Fiルータなどの回線もあるため、利用する地区において様々な方法を試行錯誤して最も速い方法を見つけることが重要であると思われる。

　2020年の講義はCOVID-19によって4月からほとんどの大学で遠隔講義による開講となった。本学においても同様であり、学生のインターネット接続状況やPC保有状況などを調査して90%以上の学生が何らかの方法でインターネットに接続可能であることを確認した段階で、遠隔講義の開講に踏み切った。すべて遠隔のため教員側の研修も必要であり、どのような方法で教材を配信するのか、また作成するのかの点まで研修が行われ、それぞれの教員に教材作成が課された。専任・非常勤にかかわらずすべての教員が教材作成を行っていった。今まで電子メールもPCもインターネットも使わなくても講義を開講できていた教員にとっては、大変苦しい講義開講であったと思われる。またそれをサポートする教務・情報などの職員の労力も大変なところが多くあったことと思われる。2020年4月からの遠隔講義の実施の経緯や方法について説明する。

（1）学生環境調査

　本学におけるコロナウイルス感染症対策としての遠隔講義実施の検討については、令和2年3月13日に予定していた卒業式の中止を機会に本格的に検討された。当初は主に、感染症防止対策、講義開始の延期、学事日程の変更による対応を、3月24日付「令和2年度における大学等の授業の開始等について」

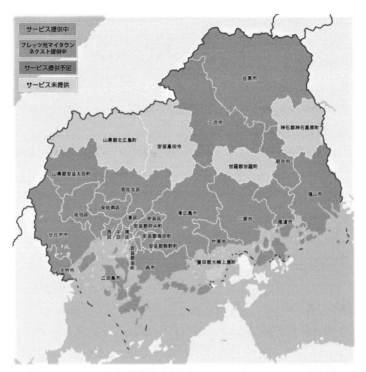

図 3-25　NTT 光回線接続状況（NTT 西日本 Web ページ引用）

（文部科学省通知）を踏まえて検討した。しかし感染症への根本的な解決が当面見込まれないことから、本学において情報系科目において 2006 年から実施していた遠隔講義のノウハウと実施方法を経験として、遠隔講義の実施について検討が行われた（中田 2007、2008、2018b、2020a、2020b）。学内に学長室会議（学長諮問機関）直轄の遠隔講義推進ワーキンググループを置き、本学の遠隔講義実施に携わった教員を中心メンバーとし、実施に関する素案の策定、ならびに推進実務の担当を委任した（補助金申請書類参照）。

　さらに、4 月 7 日の 7 都府県への緊急事態宣言発出を受けて、遠隔講義実施についての検討を本格化させ、4 月 13 日の拡大学長室会議にて「遠隔授業推進についてのガイドライン」を決定するとともに、以後の遠隔講義実施に関わる教学面での全学合意事項とし、講義開始を 5 月 11 日と定めた。

　また、遠隔講義の実施形態については、オンデマンド型と同時双方向型に分類し、学内インターネットのアクセス許容量から、同時双方向型で実施する講義は「基礎英語」など同時双方向型による教育効果が大きく見込まれるもののみの実施とした。そして、その実施は教員の自宅からアクセスすることとした。当該ガイドラインにおいては、遠隔講義実施によって達成すべき目的を次の3点と定義した（補助金申請書類参照）。

　①学生の通学を避けることで、校地と通学路における感染リスクを極小化すること

　②通常授業に準ずる質保証を担保すること

　③通学できない間、学生に達成感や安心感を与えること

　このうち遠隔講義実施における質保証については、シラバス内容の網羅はもとより、4月1日付「学事日程等の取扱い及び遠隔授業の活用に係るQ&A」（文部科学省事務連絡）を踏まえ、同時双方向型でない大半の授業では、授業の終了後のすみやかな「設問解答、添削指導、質疑応答等による十分な指導」と、「学生の意見の交換の機会」を確保することとし、Google Classroomをその実現のためのプラットフォームとして活用することを決定した。このことの早期実現には、独自ドメインによるGoogleアカウントを学生および教職員全員に配布し、メールやウェブアプリケーションの活用を進めてきたことからの選択であった。

　策定したガイドラインは、学長室会議名ですべての専任および非常勤教員ならびに職員に通知するとともに、実施にあたっての教員への技術的な支援として、解説用Webサイトと質問用メーリングリストの立ち上げによるオンラインチュートリアルを整備し、研修会も実施した。学生に向けても解説用Webサイトを構築してオンラインチュートリアルを進め、また技術的な件に関する相談窓口を開設し、個別の問題にも対応した。

(2)　使用するツールの選択

　本学で利用しているメールはGoogleメールであるため、Googleのアプリケーションであればどれも無料で利用可能であった。そのため、最も簡単に考

えられた遠隔講義のツールはGoogle Classroomであった。大学全体でのLMS（Learning Management System）の導入は行っていない。これは文系の大学であることと、e-ラーニングの必要性を訴える教員が存在しなかったことに起因すると思われる。実際2020年度は選択肢がなかったことも幸いして、Google Classroomツールを使っていくこととなった。

　本学において遠隔講義で利用できそうなツールは、表3-4の内容であると思われた。実際には多数のオンラインツールがあるが、本学で利用可能であるためには、予算の関係でできるだけ無料で利用できること、操作が簡単に習得できることなどが挙げられる。まずは講義の資料を動画で説明していく通常の講義を録画することを考えるのであれば、ビデオ録画が必要であると思われた。ただ、誰かが撮影してそれを保存して編集して、さらに変換するという手間暇をかけることは困難であったため、個々人が作成可能な方法を検討する必要があった。本学で利用するツールはこの中から選択していくことで、講義を個々人が遠隔教材として作成できるのではないかと考えた。

1）Google Classroom

　Google Classroomは講義を開講する教室のようなものを科目ごとに教員が作成し、学生を登録し、資料配布、課題提示などを行うものであった（図3-26）。中にトピックを立てて、それぞれに資料や課題などを提示することが可能であった。さらに、課題の中で簡単な文章を入力させ、簡単なアンケートへの回答も可能である。

　またGoogleフォームと連携して課題の中にテストを提示し、フォームに得点を設定しておけば自動的に採点して評価点を表示することが可能であった。最終的に課題の得点や成績はCSVファイルでダウンロードすることが可能になっているため、出席簿とあわせて成績評価の際に有効に利用することが可能であった。また課題の採点については、ルーブリックを作成しておくことで簡単に評価可能であり、学生も課題提示された際に何を評価するのかを提示されるため、明確に目的に沿った解答を提出することが可能であると思われる。

　組織的なLMSではないため、アクセス履歴などを収集・分析することは困

表3-4　利用可能なツール一覧

ツール	内容
Google Classroom	LMS のように利用可能。 講義の情報提示、課題の提出・採点・返却・評価が可能。
YouTube	講義の動画をオンデマンドで配信。 ライブも可能であるが、ネットのスピードに依存している。
Web サイト	HTML で作成。大学のサーバにアップロード。 学外からのアクセスには、別のサーバにアップロードが必要。
Google サイト	Google のサイトは HTML の知識なしに作成可能。
Google グループ	SNS の一種である。トピックを投稿してそこへ返信してもらう方式である。 質問などが投稿されると、わかる者が回答していく方式で利用した。
Google Meet	オンライン双方向で接続する場合のツール。 画面共有、部屋を分けるなどもある程度可能であった。 Classroom には簡単にリンクできる仕組みになっていた。 後日、メールからも簡単にアクセスできるように仕様が変更となった。
画面録画ソフト	画面の操作をそのまま録画して動画に保存可能。 無料の場合 14 分という制限がついているものもあった。
音声合成ソフト	メーカーからの申し出で、期限つきでライセンスを無料で利用可能であった。
パワーポイント	スライドを読み上げて動画に保存することが可能である パワーポイントの機能の一つで、エクスポートの中に音声とパワーポイントの画面を録画して保存することが可能となっている。
大学ポータルサイト	掲示板と同様に各種連絡に利用。 要点を記して配信されたメールにアクセスして、確認してもらう方式をとっている。
Melly	ポータル内にある講義ごとの連絡ツール。 スマホにアプリがあるので、インストールすると便利。
Zoom	オンライン双方向で接続する場合の代表的なツールである。 画面共有、部屋を分ける、その場でアンケートに投票する、手を挙げるなど様々なことが可能である。特に有料版を使うことで、100 名超の参加によるオンライン講義を開催することも可能なシステムである。

図 3-26　Google Classroom の例

難である。学生の閲覧履歴の収集は可能であるが、学生が履歴を残さない状態に設定も可能であるため、明確な情報として利用することは難しいと思われる。

2）YouTube動画サイト

　Googleの中で利用可能な動画のサイトである。自分で撮影した動画をYouTubeにアップロードすることで簡単に教材として提示することが可能である。YouTubeも15分までという時間制限を設けていた時期もあったが、15分以上の動画をアップロードすることも可能になり、また限定公開することで一般的な人が検索することが困難な状態におくこともできる。アップロードした画像をYouTube上で編集することも可能である。

　アップロードの際に、簡単な説明をつけてこのアドレスをClassroomやサイトにリンクすることで、学生は簡単に講義を視聴することが可能であった。アップロードする動画のファイル容量が大きい場合も自動的に圧縮して軽くしてもらえるため、単にアップロードして視聴させるには便利なツールである

（文系教員にも簡単に操作可能であった）。アップロード可能なファイルには様々な種類があるが、できるだけMPG4にしておけば簡単にアップロード可能であった。

3）WebサイトとGoogleサイト

　Webサイトの作成にはHTML言語が用いられる。今までのWebサイト作成ではある程度知識がないと作成できなかったため、簡単に誰でも作成できて講義に利用できるというところまでには至っていなかった。

　Googleサイトは新しい作成方法を取り入れることで、簡単に誰でもWebページが作成できるようになっている。またGoogleのツールを利用すれば簡単にファイルを一覧表示したり共有させたりYouTubeもアップして表示したりすることが可能であった。これらを用いて講義の情報を提示することが可能となっている。Google Classroomは登録したものだけが情報を見ることができる仕組みになっているため、他の学生にも情報を提示するためにはWebサイトを作成する必要がある。ただし、本学において今回の遠隔講義では講義のWebサイトまで作成が可能な科目は、以前からWebサイトを作成して講義を実施していた情報系の科目のみであると思われる（図3-27）。

図3-27　Webサイト例（情報科学入門）

4）Google グループ

　SNSの一種である。現在、新しく更新されている途中のためどのように変更になるのかまだ明確ではないが、登録されたメンバーのみがネット上でディスカッションをしていくことができる、また情報共有していくことができるツールである。投稿されたトピックに返信していく方式で、討議の内容がメンバーに見えるという方式である。

　今回はこのグループを利用して情報課課員および情報系教員で遠隔講義の技術的な質問などに回答を行った。文系大学であるうえに、もともとICTスキルの高い教員ばかりではないこともあり、情報課も技術的に専門的なスタッフがいない状態での遠隔講義開始となったため、可能な限り質問に回答できるように、教職員が自由に書き込みをすることができるようなSNSとしてGoogleグループを活用した。

5）Google Meet

　Googleで利用できるオンラインテレビ・Web会議ツールである。特に当初Classroomから簡単にリンクしてアクセスできるようになっていたため、基礎英語の科目などオンライン双方向で実施することが必要な科目においてのみ利用を許可された（大学のアクセススピードの関係から学内でのアクセスは無理であるため、教員自宅からのアクセスを依頼した）。大学の方針として、大学構内からは直接オンラインアクセスは行わないという方向性を示した。基礎英語におけるオンライン双方向授業では、Google Meetを用いて講義することとなった。

6）画面録画ソフト

　PC画面を録画するソフトである。様々なものが無料で提供されている。紹介したScreenCastは、無料版では15分の録画制限はあるものの使いやすい。また、BandiCamも無料版で画面の録画、編集などいろいろなことが可能である。他にも無料で画面を録画可能なソフトが提供されているため、使ってみて自分の教材作成に適したソフトを選択するとよいと思われる。

7）音声合成ソフト

　自分で音声を録音して使う教員もいるが、文章を読ませて録音したいという要望もあった。そのため音声合成ソフトを検索したが、無料ではなかなか自然に読むソフトは検索できなかった。

　そんな中、株式会社テクノスピーチが「CeVIOプロジェクト」を立ち上げ、「新型コロナウイルスの感染拡大を受け、Windows用音声創作ソフトウェア『CeVIO Creative Studio（チェビオ・クリエイティブ・スタジオ）』を新型コロナウイルス感染拡大防止対策として行われるオンライン授業、オンデマンド授業のコンテンツ作成でご利用いただけるよう、全国の大学、高校、中学校、小学校などの教職員に無償提供いたします」とアナウンスされたので、ライセンスを申し込んで利用している。

　操作は簡単で、テキスト文字をキャラクターを指定して読ませることができる。ある程度の抑揚やイントネーションは変更できる。当初、無償提供は9月30日までであったが、2021年3月31日までに延長してもらえたので、後期の講義においても利用している。

8）Microsoftパワーポイント

　パワーポイントの機能として、スライドを提示しながら録音できる機能がある。慣れない教員が音声で講義を行う場合、音声付きパワーポイントを作成するのが最も簡単であると思われた。そのため、教員研修においてもこの方式を利用して講義を作成するように練習を行った。出力する際に、簡単にビデオ動画ファイルに保存できる。ただし、ファイルが大きくなる可能性があるため、パワーポイント作成時にできるだけファイル容量を小さくし、画質も普通を選択するなどの工夫が必要である。一般の教員のスキルではそこまでは厳しいかもしれないが、なんとか対応可能と思われた。

9）大学ポータルサイト

　本学の学生掲示板として利用しているポータルサイトを利用する方法である。通常はレポート提出、出席管理などもポータルで実施している。遠隔講義

の場合、出席はポータルへ転記が必要であるが、Classroomのレポート提出機能は、締切を過ぎても提出でき、提示された課題が提出後も表示され、限定コメントで教員に質問できるなど様々な機能があるため、ポータルのレポート機能より使いやすいと思われる。

　ポータルは通常どおり、学生への連絡ツールとして利用していくこととなる。

10）Melly（ポータル内独自開発SNSツール）

　大学ポータルサイトに作成されている連絡ツールである。日常的にはこちらを利用している教員もいる。個別に質問と回答のやりとりができる。時間割により科目が作成され、履修者が登録される仕組みになっている。

　しかし今回の場合、Google Classroomで限定コメントも可能であるため、情報系の科目では学生にGoogle Classroomのみで質問・回答していくことをアナウンスして徹底した。アクセス先が煩雑になるため、このツールの必要はないと思われた。

11）Zoom

　オンライン双方向で講義するときのテレビ・Web会議ツールで、2020年4月から話題になっているものである。無料版でも十分使えるが、有料版にすると追加機能が使えるようになる。また無料でも100名、有料であれば300名の参加を可能としている。

　本学の場合、100名を超える講義は数が少ないため、無料版でも十分対応可能であると思われる。しかし大学からのアクセスには無理があるため、自宅からの双方向講義に利用することとなる。アクティブラーニングのグループ学習では部屋も分けることができるなど、いろいろな利用が可能である。ただしホスト側がある程度操作に慣れている必要がある。

　今回の遠隔講義では、基本はGoogle Meetを利用、機能上どうしてもZoom利用を希望する場合、無料版を届け出により可能（基本は自宅からのアクセス）とした。

（3）教員向け研修

　教材作成についての研修を実施した。通常の講義と同様に、資料を見ながら解説していく音声を録音しながらビデオを作成することを検討した。対面の講義と同じように展開するためには、解説は音声で同じ資料を見せながら録音していくことが望ましいのではないかと思われたからである。そのためのツールとしては、パワーポイントのビデオ作成機能、PC画面録画ソフトなどが考えられた。どれがよいかについては教員それぞれのスキルや要望によるため、ツールの紹介だけ行い、実際の作成については個々人で選択することとした。これらを踏まえて講義が始まる前に研修を実施した。

　教員向け研修では、パワーポイントの機能であるビデオ作成機能を用いて、資料を提示しながら解説音声を入れて録音したものをビデオに保存する方式を行った。これによって、実際に自分の講義資料を見ながら簡単に音声が録音できることが理解でき、なんとか講義が作成できそうに感じてもらった様子であった。作成したビデオの容量については、YouTube にアップロードすることでスマホのアクセスにも対応可能と思われた。

（4）学生の通信状況アンケート結果（4月実施）

　4月の段階における学生の通常の状況についてアンケート調査を実施した。質問項目は、①自宅・下宿、②インターネット回線の有無、③スマホのメーカー（種類）、④インターネットアクセス機材（種類）の4項目であった。その結果、インターネット回線は95％の学生があると回答しており、持っていないという回答者は4％で人数にすると45名であった（図3-28）。45名の学生にはなんとか回線を確保してもらうように連絡をすることとした。

　また、インターネットアクセス機材についてはノートPCやタブレットな

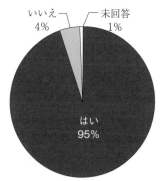

図 3-28　インターネット回線の有無
　　　　（2020 年 4 月調査）

ど複数持っている場合もあるが、スマホだけという学生もいた（図3-29）。スマホを複数台数所持している場合もあるため、所有台数は人数より多くなっている。ただし、1名のみであるが、何も持っていないと回答している学生が存在していた。この1名についてはチューター（担当教員）から連絡をとって対応を行った。

　全体としては、少なくともスマホでインターネットにアクセス可能であることから、遠隔講義を受講可能であると判断して、予定どおりに早い講義は4月20日から、遅いものでも5月11日から配信して講義を実施した。

　遠隔講義として配信されるものは、「基礎英語」など語学系の科目では双方向オンラインで開講されるものもあった（Google Meetとそれぞれの教員によるツール利用、課題はYouTubeで提出など様々）。オンデマンド講義では、音声ビデオつき資料配布と配信で実施する方法や、資料と課題のみの配布など科目の特徴や教員のスキルによって異なった方式での講義となった。前期は8月第2週で終了となった。

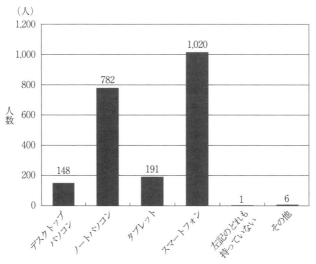

図3-29　所有しているインターネットアクセス機材（2020年4月調査）

（5）学生・教員へのアンケート結果（8月実施）

　8月の前期講義が終了する時期に、学生と教員にアンケート調査を実施した。学習に参加できたかどうかについての質問では「できた」「だいたいできた」で81％の回答があった。これは、ほとんどの学生がスムーズに遠隔講義を受講することが可能であったことを示している（図3-30）。

　遠隔講義についてどのような印象をもっているかについての回答は、質問項目「精神的に疲れる」で「あてはまる」「非常にあてはまる」が58％と高い値を示した。「楽しい」や「達成感がある」という項目では30％以下となった。「コロナ後も一部遠隔講義が残ってもよいか」についての回答は64％が「はい」と回答しており、今後も遠隔講義を一部採用しながら対面を実施していく方向や、大学教育そのものに遠隔講義を一部採用したハイブリッド方式を検討していくことも可能であると思われる。特に、知識の伝達においてはオンデマンドなどを利用することで、対面で必要な学習を実施することもできると思われる。これは今後の大学教育で検討が必要である。

　教員へのアンケートの結果では、講義方式を質問した。複数回答であるが、最も回答数が多い方式は、「Classroom＋動画提供」「Classroom＋音声なし資料提供」であった。課題はどの科目でも多数出題され、課題提出が出席の代わりとなるものも多数あった。「遠隔講義を実施してどのようなことに困ることが多いか」については、「大学の通信環境」「他者との意思疎通」が50％以上であった。また、「授業内容」「大学の授業環境・場所・機器など」も40％以上回答された。大学において講義を実施しようとする際には、通信環境が整っていないために制限をかけていたことが原因であると思わる。「遠隔講義に対する印象・イメージ」では学生と同じく「精神的に疲れる」が「だいたいあ

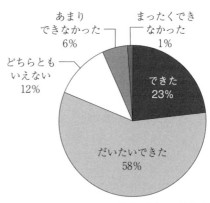

図3-30　スムーズに講義（遠隔講義）
　　　　に参加することができましたか

てはまる」「非常にあてはまる」で 65% を示した。「遠隔講義のサポートについて」は 60% が「だいたい十分だった」「十分だった」と回答した。

　以上の結果から前期の遠隔講義実施については、教員も努力し学生も受講して学習を進めていくことができたと考えられる。ただし、教員も学生も慣れない環境や方法などで「精神的に疲れる」という報告が多く、これをなんとか改善する方向で今後の遠隔講義の方式やサポートを実施していく必要がある。

　自由記述についてはテキストマイニング分析を行った。スコアが高い単語を複数選び出し、その値に応じた大きさで図示する方式で、青色が名詞、赤色が動詞、緑色が形容詞、灰色が感動詞を表している。学生に、遠隔講義のメリットについて自由記述してもらった結果を示した（図 3-31、口絵参照）。「講義が受講できる」「交通費がかからない」「自分のペースで取り組める」「見返す」「見直しが簡単にできる」「繰り返し学習できる」といった単語が多く出現していた。

　教員に尋ねた遠隔講義のメリットでは、肯定的な項目は少なかった。教員にデメリットについての自由記述を求めた。学生を中心として「ディスカッション」や「双方向」「理解度」「伝わりにくい」「わかりにくい」の頻度が多く、

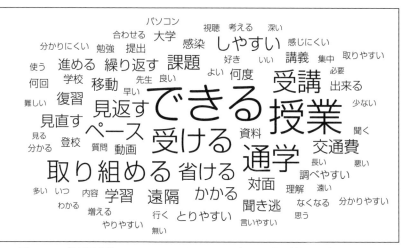

図 3-31　「遠隔講義のメリットはなんですか」の回答（学生　自由記述）

学生の講義受講時における状況がわかりにくいため、対面での講義のように学生の様子による臨機応変な対応ができない状態での講義進行にせざるを得ないところに不安を感じていることが認められた。

　学生には、困ったことは何かという自由記述の質問を示した。「課題」「授業」「提出」の頻度が多く、課題がどの科目でも毎週出されており、それらの提出に追われてしまうところが表れていると思われる。また「コミュニケーション」「伝わりにくい」などの単語も頻度が多く、文字だけによるコミュニケーションではお互い伝わりにくいと感じていることを示している。

　これらの結果から、今年度における遠隔講義についての改善点などが見て取れる。日頃から遠隔講義に慣れていない教員による教材作成のため、学生も教員も大変な半年であった。これらをもとに、さらに今後の遠隔講義、ハイブリッド講義などに対応できる教材や方法を構築していく必要があると思われる。

(6) 遠隔講義の実施

　上述のように、すべての科目において利用するのはGoogle Classroomであった。情報系科目においては以前から様々に利用してきた。課題提出・情報提示などがWebサイトを作成しなくても提示できること、登録した学生のみがそれを閲覧できることがメリットであると思われる。また、採点機能についても上手に使うことで大学の評価にも利用可能であると思われた。

　2020年では4月は当初のままのバージョンであったが、日々進化して現在では講義予約もできるなど追加機能が多数報告されるほど進化した。それによって使いやすいものになってきており、今後のさらなる進化も認められると思われる。情報リテラシー科目において、Google ClassroomとWebサイトを利用して半期の講義を配信したので方法や結果などを述べる。

〈対象〉

　本学における1年生必修科目「情報リテラシーⅠ」を履修している学生320名を対象とした。

〈方法〉

　大学の方針にもとづいて4月初旬に提示された講義の方法として、情報科目教員に送付した文章は以下のものであった。

新型コロナウイルス感染症（COVID-19）により講義の日程が遅くなっております。さらに連休明けまで講義開始が延期されておりますが、本学開講内容についてご連絡いたします。
1. 基本的に前期は遠隔で実施可能な講義は遠隔講義で開講する。
2. 教材はできるだけVODで配信して、Google Classroomで課題提出・採点・返却を行う。
3. ポータルのレポートであるMellyもできれば活用して、対面講義は収束するまで避ける。
（ポータルは本学で利用している掲示板サイトの総称、Mellyはその中で履修科目ごとに作成して連絡を送付できるLineのようなツールを指す）

　上記の連絡後に、Google Classroomを利用して課題の提示・提出・返却・評価を行う。教材については、専任教員が作成する統一教材をVODで視聴して、提示されている課題を各クラスのGoogle Classroomに締切までに提出することで出席とすることを確認した。

　非常勤教員担当クラスも5クラス（全8クラス）あるため、情報共有に以前から利用していた（中田2014a）本学専用SNSで、今回も情報共有を行っていった。まずSNSにおいて、現在の状況を全員に説明し、大学としてどのように対応していくのかについてアナウンスを行った。勤務校の業務もあるため、特に非常勤の教員には負担をかけることなく遠隔講義を開講し、評価についてはそれぞれの教員が対応可能である方法を検討して、表3-5の方法で実施することとした。講義のサイトは以前より作成して教材の配布、学内ネットワークの説明、講義の復習ビデオの提示など実際に講義に利用していたため、これらの利用についてはスムーズに情報共有が可能であった。

　共通教材については、今までに利用していた講義のWebサイトにより配信を行う。今まで対面で説明をしていた講義内容はすべて教科書を提示しながら解説を行い、画面でソフトを提示しながら操作説明を動画作成した。動画はMP4形式で作成し、YouTubeにアップロードしてWebサイトから配信を行っ

表3-5 「情報リテラシーⅠ」2020年度開講方法説明

2020年度　遠隔による「情報リテラシーⅠ」開講方法
教材は同じものを利用するほうがよいので専任教員が作成したものを配信する。
課題もほぼ同じものをそれぞれのClassroomで提示・採点・返却を行う。
試験は自宅受験で採点してそれぞれ評価する（実施・評価は例年と同様）。
タイプ練習は練習成果を提出して集計する。
Webによる教材配信のため、各教員にgaines.hjuドメインでClassroom作成を依頼する。
ポータルで学生にクラスコードを連絡して、クラスごとに登録させる。
ポータルのアクセス方法と確認、メールの設定とアクセスは、7日に1年生全員に講習をして確認済み。
ポータルの連絡は、1日で80％以上アクセスしていることを確認。
クラスには、中田担当クラスに教員として先生方を登録しますので、ほぼ同じ内容の講義と課題を各クラスで作成してください。
招待メールを送付（本学のメールへ）いたしますので、Classroomについては仕様などをご確認ください。
Meetも連携されているので、オンライン講義もできるようになっています。

た。

　講義内容は、シラバスに従ってほかの科目との連携課題についても通常の講義年度とできるだけ同じ日程で教材提示が可能であるように行った（表3-6）。通常講義では「情報倫理」の教材をDVDで視聴させて学習させていたが、今回は著作権の関係で視聴させることができないこととなった。代替教材としてIPA（独立法人情報処理推進機構）の「映像で知る情報セキュリティ～映像コンテンツ一覧～」の中からそれぞれ選択して視聴するようにURLをWebサイトにリンクした。教材を視聴したかの確認のためにも毎回、ビデオの概要と意見をワープロでレポート作成させ、課題として提出させた。これはワープロの練習とレポート作成の学習に役立つことと思われる。特に大学におけるレポートについて理解できていない1年生においては、「初年次セミナー」という学習科目で「レポートの書き方」を学習する予定であるが、それだけでは十分とはいえないため、他の科目においても指導していく必要があると思われる。

　Webサイトの内容については図3-32、33に示した。YouTube部分はリンク

表 3-6　遠隔講義の内容一覧（2020 年度前期実施内容）

講義回数	内容
第 1 回目	ガイダンスとタイプソフト登録
第 2 回目	タイプソフトの練習とコンピュータ入門
第 3 回目	タイプソフトの練習とワープロ基礎
第 4 回目	レポート作成の基本
第 5 回目	プレゼンテーションの作成
第 6 回目	ワープロの応用
第 7 回目	表計算ソフト基礎 1
第 8 回目	表計算ソフト基礎 2
第 9 回目	ワープロ練習問題 1
第 10 回目	表計算練習問題 1
第 11 回目	ワープロ練習問題 2
第 12 回目	表計算練習問題 2
第 13 回目	日本語表現技法連携課題（ビジネス文書作成）
第 14 回目	まとめ　知識確認テスト 1
第 15 回目	まとめ　知識確認テスト 2

を作成して、画像上でクリックするとそのまま視聴できるように提示した。音声は機械による読み上げも例として作成したが、すべて教員による音声で録画を行った。録画については、講義と同様に読み直しや作成し直しは原則として行わないことを決めて、できるだけ 1 回で作成するように行った。教員側の教材作成の負担を軽減するため、講義と同じ長さの時間だけ話をしていくことで、講義教材が作成できるように実施した。実際には、録画は講義時間と同じ 80 分程度であったとしても、それを録画保存する時間、YouTube にアップロードする時間、Web ページに配置してリンクする時間などが加算されるため、平均的に実際の講義時間の 3 倍程度の時間はかかる計算となった。

　学生は、教材を視聴して課題を作成して各 Classroom へ締切までに提出することで出席となることとした。「情報リテラシー I 」は全学の講義で、最初の講義が 4 月下旬開始を予定したため、4 月 27 日月曜から配信開始として、毎週月曜に配信することとした。

図 3-32 「情報リテラシー」Web サイト

図 3-33 Web サイトにおける教材配信例

　講義は月曜日 1 クラス、金曜日 6 クラスで開講されていた。最初の数週間は、Classroomの質問やインターネット接続の質問など講義に関連のあるなしにかかわらず、多数の質問が 24 時間送付されてきた。専任・非常勤も関係なく自分の聞きやすい教員にメールで問い合わせが届いていた。回答することで安心させるため、とにかく早く返信することに努めた。そのため、他の科目の教員も即座の返信を求められ、それぞれの教員が大変な質問に悩まされることとなった。

　非常勤教員から、時間割の時間に自宅からGoogle Meetでオンライン接続して質問を受けたり、解説を行ったりする提案があった。実際にできるだけ講義時間に待機しておくことで、学生は対面で質問をすることができ、また対面で解説を聴くことができることとなった。当初は 40 名程度のクラスで 10 数名の参加があったクラスもあったが、実際には対面で質問するよりもメールや限定コメントで質問することに慣れてきたため、言葉で説明しにくい質問などの場合は対面の質問もあったが、5 月下旬に入ってからは学生も学習方法に慣れて、あまり質問もでなくなった。課題提出方法の質問があれば、提出方法の解説動画を作成してアップした。個別の質問に回答すると同時に、同じ回答をできるだけ多くの学生に提示できるように、Webサイトに補助的な情報として常にアップしていった。その結果、当初より同じ質問の頻度が少なくなり、教員の質問に回答する時間が節約できることとなった。

　課題を作成するソフトについては、本学においてはワープロはMicrosoftのWordを、表計算はExcelを利用して学習させていた。自宅におけるPCの場合、すべてのPCに同じソフトがインストールされていることは少ない様子であった。さらに、スマホだけで視聴して課題を作成しようとしている学生も存在したため、Google ドキュメント、Google スプレッドシートによる課題作成方法についても教材作成を行った。教科書はワープロ全体で作成したつもりだったが、アプリケーションソフトによる依存もあったため、できない部分は割愛して実施するように教材を 2 通り作成した。ワープロによる文書作成にどこまでの仕上がりを要求するのかについて、今回の教材を作成して再検討が必要であると考えた。多くの装飾を施す文書が良い文書であるのではなく、内

容をいかに表現できるかということに重点を置くべきだと考えさせられた。基本的な機能を学習し、内容を重視することが再検討されるべきであろう。今後の教材作成において新しい見方ができることと思う。

〈結果とまとめ〉

　講義の内容について、最終講義の際にアンケートを実施した。「日本語入力文字数が入学時より30％以上増加入力できる」については、78.5％の学生が「少し早くなった」「20％以上増加した」と回答している。また「ワープロによるレポート作成、表計算ソフトおよびプレゼンソフトの基本操作ができる」についての回答では、75.6％の学生が「簡単なレポートが作成できる」「レポートが作成できる」と回答した。「インターネットによる検索・電子メール利用の基本操作ができる」については、81.2％の学生が「必要な情報を検索できる。電子メールを利用してメールが送受信できる」「必要な情報を適切に検索できる。電子メールを利用して社会常識にそったメールが送受信できる」と回答した。例年の回答より、できる方向にシフトしている様子であった。

　「タイプ練習は役に立ちましたか」については、90.3％の学生が「役に立った」「やや役に立った」と回答しているため、キー入力の学習効果は自信にもつながっていくことと思われる。「入学前よりタイプが打てるようになりましたか」については、91.3％の学生が「打てるようになった」「やや打てるようになった」と回答している。役に立つだけでなく、実質的に学習成果が上がっていることが自分自身でも評価できていることが示されている。「ワープロ文書作成はできるようになりましたか」については、90.6％の学生が「よくできるようになった」「できるようになった」と、「表計算で簡単な表の作成ができるようになりましたか」では、88.7％の学生が「よくできるようになった」「できるようになった」と回答している。

　「ビデオ教材で情報倫理について理解できましたか」については、90.9％の学生が「よく理解できた」「理解できた」と回答している。

　図3-34に、「Classroomでの講義はついていくのが大変でしたか」「Classroomでの講義は楽しかったですか」「遠隔講義でなんとか学習できたと思いますか」について集計した結果を示した。「ついていくのが大変」と思っている学生は

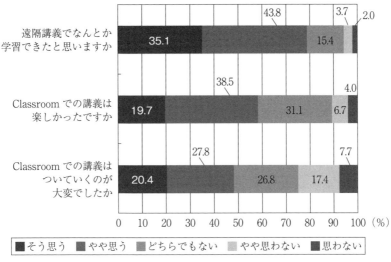

図 3-34　Classroom と遠隔講義についての質問項目

50％程度であった。「楽しかったですか」については 58.2％が「そう思う」「やや思う」であった。「遠隔講義で学習できたと思いますか」については、78.9の学生が「そう思う」「ややそう思う」と回答しており、遠隔教育で学習できたと感じ、達成感もあった様子が示されている。

　教材の YouTube についての質問では、「講義 Web ページと講義のビデオ（YouTube）は学習の役に立ちましたか」では、99％の学生が「とても役に立った」「まあ役に立った」と回答している。「講義の YouTube を視聴しないで課題を提出している人もいるようです。YouTube はどんな頻度で視聴しましたか」では、「すべて視聴した」が 85.7％、「ときどき視聴した」が 9.7％で、90％以上の学生が視聴していたと回答している。YouTube を視聴するのはどんなときかについては、「いつも視聴して役に立った」は 76.6％で、「課題をやってわからない時に役に立った」は 22.1％、「教科書を見てわからない時に役に立った」は 23.1％であった。「役に立たなかった」は 0％であった。

　遠隔講義の感想を自由に記述してもらい、その分析結果を図 3-35（口絵参照）に示した。結果から、授業がわかりやすく、タイプやワープロ、表計算な

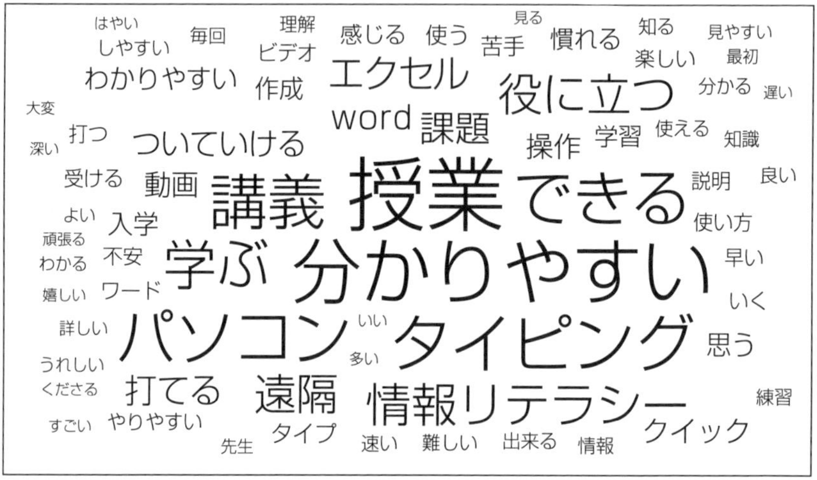

はやい
しやすい　毎回　理解　感じる　使う　見る　慣れる　知る　見やすい
わかりやすい　ビデオ　エクセル　苦手　楽しい　最初
作成　word　課題　役に立つ　分かる　遅い
大変
深い　打つ　ついていける　操作　学習　使える　知識
受ける　動画　講義　授業　できる　説明　良い
よい　入学　使い方
頑張る
わかる　不安　学ぶ　分かりやすい　早い
嬉しい　ワード　いく
詳しい　パソコン　いい　タイピング　思う
うれしい　多い
くださる　打てる　遠隔　情報リテラシー　練習
すごい　やりやすい　タイプ　速い　難しい　出来る　情報　クイック
先生

図 3-35　　自由記述の分析結果

どができるようになったこと、また、役に立つスキルが学習できたことが多
数書き込まれていたことが認められる。特に、動画・ビデオの書き込みから、
YouTube による教材の提示がわかりやすく、何度でも視聴できるだけでなく、
自分でスピードも変更できることで、講義の一度だけの話で学習するより繰り
返し学習が行われることによって、より学習効果が高まったことが示されてい
る。実際の成績においても、課題提出率が大変高く、ほとんどの学生が 100％
に近い提出率であった。今回の学習成果は、課題を提出していない学生以外は
すべて達成率も高く高評価となっている。

　また、課題の未提出が多い学生については、Classroom の仕組みとして、未
提出課題の一覧をメール送付して提示し、課題を提出するように促すことが可
能であった。その機能を用いて、再三の課題提出要求を行うことで、遅れても
追いかけて課題を提出でき、単位を取得できた学生も出現した。今までの課題
提出方法や講義では、大変遅れている場合は未提出のまま単位を認定できない
ことがほとんどであった。今回は学生の資質による可能性もあるが、未提出課
題の一覧表の連絡と遅れても提出可能な課題提出システムにより単位が取得で
きたのだと思われる。遠隔講義のメリットである。

　さらに、今まではメールの受信でもポータルの閲覧においてもスマホによる閲覧が90％以上であったが、遠隔講義のため自宅でコンピュータにアクセスする時間が長くなった。2020年前期の回答結果では、「メールは何を使って確認していますか」については「自宅のコンピュータ」が81.2％、「スマートフォン」が88.6％と回答している。さらに「ポータルは何を使って確認していますか」は「自宅のコンピュータ」82.8％「スマートフォン」82.8％となり、どちらも今までになく「自宅のコンピュータ」という回答が増加している。これは、遠隔講義を常に受講することで自宅でPCを稼働させて利用している時間が多いため、スマホでも確認するが、コンピュータを利用している時間にポータルやメールをチェックするという習慣に慣れてきたことが示されている。2019年までの回答ではスマホが90％以上で、PCは50％以下であったのに比較すると、大きく増加していることが示されている。

　前期は遠隔講義が開講になったことで、よりPCを利用する時間が増加したため、PCに慣れて使いこなせるようになったことが認められる。つまりは、できるだけPCに接する時間が長い方がPCに対する抵抗がなくなり、より親しみを感じて利用していくことが可能となると思われる。これは1980年代に調査したコンピュータに対する態度とも同じ結果である。接する機会を増加させることが、学生の学習を促進させる可能性があることを示唆している。

第**4**章

情報教育の必要性

1. 小・中学校における情報教育

　現代の社会において、情報教育は不可欠であると思われる。新しい学習指導要領においては、小学生から情報活用能力を身につけさせるカリキュラムが導入されている。その指導要領には、次のように記されている。

　　今日、コンピュータ等の情報技術は急激な進展を遂げ、人々の社会生活や日常生活に浸透し、スマートフォンやタブレット PC 等に見られるように情報機器の使いやすさの向上も相まって、子供たちが情報を活用したり発信したりする機会も増大している。将来の予測は困難であるが、情報技術は今後も飛躍的に進展し、常に新たな機器やサービスが生まれ社会に浸透していくこと、人々のあらゆる活動によって極めて膨大な情報（データ）が生み出され蓄積されていくことが予想される。このことにより、職業生活ばかりでなく、学校での学習や生涯学習、家庭生活、余暇生活など人々のあらゆる活動において、さらには自然災害等の非常時においても、そうした機器やサービス、情報を適切に選択・活用していくことが不可欠な社会が到来しつつある。

　　そうした社会において、児童が情報を主体的に捉えながら、何が重要かを主体的に考え、見いだした情報を活用しながら他者と協働し、新たな価値の創造に挑んでいけるようにするため、情報活用能力の育成が極めて重要となっている。第1章総則第2の2（1）に示すとおり、情報活用能力は「学習の基盤となる資質・能力」であり、確実に身に付けさせる必要があるとともに、身に付けた情報活用能力を発揮することにより、各教科等における主体的・対話的で深い学びへとつながっていくことが期待されるものである。今回の改訂においては、コンピュータや情報通信ネットワークなどの情報手段の活用について、こうした情報活用能力の育成もそのねらいとするとともに、人々のあらゆる活動に今後一層浸透して

いく情報技術を、児童が手段として学習や日常生活に活用できるようにするため、各教科等においてこれらを適切に活用した学習活動の充実を図ることとしている。

　各教科等の指導に当たっては、教師がこれらの情報手段のほか、各種の統計資料や新聞、視聴覚教材や教育機器などの教材・教具の適切な活用を図ることも重要である。各教科等における指導が、児童の主体的・対話的で深い学びへとつながっていくようにするためには、必要な資料の選択が重要であり、とりわけ信頼性が高い情報や整理されている情報、正確な読み取りが必要な情報などを授業に活用していくことが必要であることから、今回の改訂において、各種の統計資料と新聞を特に例示している。これらの教材・教具を有効、適切に活用するために853 教育課程の実施と学習評価は、教師は機器の操作等に習熟するだけではなく、それぞれの教材・教具の特性を理解し、指導の効果を高める方法について絶えず研究することが求められる。

　また、小学校においては特に、情報手段の基本的な操作の習得に関する学習活動及びプログラミングの体験を通して論理的思考力を身に付けるための学習活動を、カリキュラム・マネジメントにより各教科等の特質に応じて計画的に実施することとしている。

　各教科等の学習においてコンピュータや情報通信ネットワークなどの情報手段を活用していくに当たっては、少なくとも児童が学習活動に支障のない程度にこれら情報手段の操作を身に付けている必要がある。このため、小学校段階ではそれらの情報手段に慣れ親しませることから始め、学習活動を円滑に進めるために必要な程度の速さでのキーボードなどによる文字の入力、電子ファイルの保存・整理、インターネット上の情報の閲覧や電子的な情報の送受信や共有などの基本的な操作を確実に身に付けさせるための学習活動を、カリキュラム・マネジメントにより各教科等の特質に応じて計画的に実施していくことが重要である。それとともに、文章を編集したり図表を作成したりする学習活動、様々な方法で情報を収集して調べたり比較したりする学習活動、情報手段を使った情報の共有や協働的な学習活動、情報手段を適切に活用して調べたものをまとめたり発表したりする学習活動などを充実していくことが重要である。その際、総合的な学習の時間の探究的な学習の過程において「コンピュータで文字を入力するなどの学習の基盤として必要となる情報手段の基本的な操作を習得し、情報や情報手段を主体的に選択し活用できるよう配慮すること」（第5章 総合的な学習の時間 第3の2(3)）とされていること、さらに国語科のローマ字の指導に当たってこのこととの

関連が図られるようにすること（第 2 章 第 1 節 国語 第 3 の 2（1）ウ）

　文部科学省が情報化を進展させる教育について考えたポイントは 2 つである（教育の情報化に関する手引（検討案）2018）。1 つは「情報化が進展するこれからの社会に生きていく子供たちに、どのような教育が必要か」ということで、もう 1 つは、「子供たちの教育の改善・充実のために、コンピュータや情報通信ネットワーク等の力をどのようにしたら生かしていくことができるのか、どのように生かしていくべきなのか」ということである。文部科学省はこれらについて、特に以下の点に留意し教育を進めていく必要があると考えている。

(a) 初等中等教育においては、高度情報通信社会を生きる子供たちが情報に埋没することなく、情報や情報機器を主体的に選択し、活用するとともに情報を積極的に発信することができるようになるための基礎的な資質や能力、すなわち「高度情報通信社会における情報リテラシー（情報活用能力）」の基礎的な資質や能力を育成していく必要があること。

(b) 学校は、情報機器やネットワーク環境を整備し、これらの積極的な活用により、教育の質的な改善・充実を図っていく必要があること。

(c) 情報機器やネットワーク環境の整備をはじめ、学校の施設・設備全体の高機能化・高度化を図り、学校自体を高度情報通信社会に対応する「新しい学校」にしていく必要があること。

(d) 情報化の進展については、様々な可能性を広げるという「光」の部分と同時に、人間関係の希薄化、生活体験・自然体験の不足の招来、心身の健康に対する様々な影響等の「影」の部分が指摘されている。教育は、これらの点を克服しつつ、何よりも心身ともに調和のとれた人間形成を目指して進められなければならないこと。　　　　　　　　　　　　　　　　　（中央教育審議会 1996）

　情報教育は、子どもたちの発達段階を十分に考慮しながら、小・中・高等学校の各段階における系統的・体系的な情報教育をいっそう充実させていく必要がある。特に、コンピュータを中心とした情報教育については小学校では、各教材において創作・表現活動、調べ学習、探求的な学習などにおいて学習活動

を豊かにする道具としてのコンピュータの活用を図りながら、コンピュータに慣れ親しませるようにしていくことが必要である。学校や地域の実態等に応じ「総合的な学習の時間」を活用して、コンピュータに触れながら、どのように活用できるのかを体験的に学習できるようにすることも意義のあることである。

　中学校では、コンピュータの扱い方を含め情報を適切に活用する基礎的な能力を養うようにするとともに、生徒の興味や関心等に応じてさらに発展させた内容を学習することができるようにすることが必要である。これらの学習と併せて、学校や地域の実態等に応じ「総合的な学習の時間」を活用して、情報通信ネットワークを活用した学習等ができるようにし、各教科において課題の発見、情報の収集、調査結果の処理・発表など、学習内容を豊かにする道具としてのコンピュータの活用を図っていくことも重要である。

　高等学校では、小・中学校での学習の基礎の上に立って、各教科でのコンピュータの活用をいっそう促すような配慮が必要である。専門高校や総合学科については、情報関連科目の充実を図ること、普通科については、学校や生徒の実態等に応じて情報に関する教科・科目が履修できるように配慮することが必要である。

　情報教育とは、子どもたちの情報活用能力の育成を図るものであり、文部科学省は「情報教育の目標」について以下の3つを挙げている。

1) 「情報活用の実践力」課題や目的に応じて情報手段を適切に活用することを含めて、必要な情報を主体的に収集・判断・表現・処理・創造し、受け手の状況などを踏まえて発信・伝達できる能力
2) 「情報の科学的な理解」情報活用の基礎となる情報手段の特性の理解と、情報を適切に扱ったり、自らの情報活用を評価・改善するための基礎的な理論や方法の理解
3) 「情報社会に参画する態度」社会生活の中で情報や情報技術が果たしている役割や及ぼしている影響を理解し、情報モラルの必要性や情報に対する責任について考え、望ましい情報社会の創造に参画しようとする態度

　これらの教育をすることで情報社会に対応していくことができる人材を育成

していくことが文部科学省の目標である。この目標を達成するには、各段階
で、どこまでの情報活用能力をつけることができればよいのか。文部科学省は
以下のように述べている。

A「情報活用の実践力」は、「課題や目的に応じた情報手段の適切な活
用」、「必要な情報の主体的な収集・判断・表現・処理・創造」、「受け
手の状況などを踏まえた発信・伝達」の 3 つの要素からなる。

（文部科学省 2009）

「課題や目的に応じた情報手段の適切な活用」について小学校においては、
「情報活用の基礎となるICTの基本的な操作を身に付けさせる。具体的には、
コンピュータや、キーボード、マウスといった入力デバイスに慣れ親しませる
ところから始め、コンピュータやソフトウェアの起動・終了を含め、文字の入
力、電子ファイルの保存・整理、インターネットの閲覧、電子メールの送受信
などの基本的な操作を、一連の操作として身に付けさせ、必要なソフトウェア
を選んだりする力も育てたい」としている。さらに、「文字の入力については、
国語科でローマ字を指導する学年が変更になった理由の一つに、児童生徒の
『コンピュータを使う機会が増えた』ことが挙げられていることからも、ロー
マ字による正しい指使いでの文字入力（タッチタイプ）を習得させる」ことも
必要である。中学校においては、「小学校段階で身に付けた基本的な操作など
の基礎の上に、より主体的、積極的にICTを活用できるような能力を目指す」
とされ、「コンピュータだけでなく、情報活用の目的に応じた適切なソフトの
選択、周辺機器を活用したコンピュータの機能拡張など、応用的な活用能力を
育てる。基本的な操作に関する知識を深め技能を高めたり、ICT機器やソフト
ウェアの活用の幅を広げたりできるようにする」と示されている。
　「必要な情報の主体的な収集・判断・表現・処理・創造」については、小学
校では「様々な方法で文字や画像などの情報を収集して調べたり比較したり、
文章を編集したり図形や表、グラフ、イラストなどを作成したり、調べたもの
をまとめたり発表したりできるようにする」こと、中学校においては、「課題

を解決するために検索方法を工夫するなど自ら効果的なICTを選んで必要な情報を収集したり、様々な情報源から収集した情報を比較したり必要とする情報や信頼できる情報を選び取ったり傾向や規則性を見付けたり、表やグラフを組み合わせた資料の作成などICTを用いた情報処理の仕方を工夫したりできるようにする」ことである。

「受け手の状況などを踏まえた発信・伝達」については、小学校では、「受け手の状況などを踏まえて、調べたものを要点が伝わるようにまとめたり発表したり、電子メールやテレビ会議、学校ホームページなどICTを使って交流したりできるようにする」、中学校では、「受け手の状況などを踏まえて、ICTを用いて情報の処理の仕方を工夫したり、自分の考えなどが伝わりやすいように表現を工夫して発表や発信ができるようにする」とされている。

B「情報の科学的な理解」は、「情報活用の基礎となる情報手段の特性の理解」と「情報を適切に扱ったり、自らの情報活用を評価・改善するための基礎的な理論や方法の理解」の2つの要素からなる。

（文部科学省 2009）

「情報活用の基礎となる情報手段の特性の理解」は、小学校では「コンピュータなどの各部の名称や基本的な役割、インターネットの基本的な特性について、理解させるようにする。また、ここでは、電子ファイルには大きさや種類があることなど、ICT活用を通して得られた経験を意識的に知識として高めていけるようにすることも大切である」、中学校では、「コンピュータの構成と基本的な情報処理の仕組み、情報通信ネットワークにおける基本的な情報利用の仕組みについて理解することができるようにする。技術・家庭科技術分野の『ディジタル作品の設計・制作』『コンピュータを利用した計測・制御の基本的な仕組み』も含まれる」と示されている。

「情報を適切に扱ったり、自らの情報活用を評価・改善するための基礎的な理論や方法の理解」については、小学校では「自らの情報活用を記録し、振り返り、評価を行わせることで、よりよい情報手段の活用につなげる能力を培

うため、PDCAサイクルを意識させながら、『A情報活用の実践力』に関する
ICT活用の学習活動の過程や成果を振り返らせる」、中学校では、「自らの情報
活用を記録し、振り返り、評価を行わせることで、よりよい情報手段の活用に
つなげる能力を培うため、PDCAサイクルを意識させながら、情報活用の在り
方を評価・改善させる。技術・家庭科技術分野の『情報に関する技術の適切な
評価・活用』『処理手順を考え、簡単なプログラムが作成できること』も含ま
れる」とされている。

C「情報社会に参画する態度」については、「社会生活の中で情報や情
報技術が果たしている役割や及ぼしている影響の理解」、「情報モラル
の必要性や情報に対する責任」「望ましい情報社会の創造に参画しよ
うとする態度」の3つの要素に分けられる。これらは、情報や情報技
術の役割・影響を理解することにより、情報モラルの必要性等への理
解に至り、その上で、望ましい情報社会の創造に参画する態度を育成
するという観点である。　　　　　　　　　　　　　（文部科学省 2009）

　「社会生活の中で情報や情報技術が果たしている役割や及ぼしている影響の
理解」については、小学校では「情報発信による他人や社会への影響、情報に
は誤ったものや危険なものがあること、健康を害するような行動などについて
考え、理解させるようにする」、中学校では「ネットワーク利用上の責任、基
本的なルールや法律の理解と違法な行為による問題、健康を害するような行動
などについて考え、理解させるようにする」と示されている。
　「情報モラルの必要性や情報に対する責任」については、小学校では「ネッ
トワーク上のルールやマナーを守ることの意味、情報には自他の権利があるこ
となどについて考え、理解させるようにする」、中学校では「知的財産権など
権利を尊重することの大切さ、基礎的な情報セキュリティ対策などについて考
え、理解させるようにする。技術・家庭科技術分野の『（情報の科学的な理解
の上で）著作権や発信した情報の責任を知り、情報モラルについて考えること』
も含まれる」とされている。

「望ましい情報社会の創造に参画しようとする態度」については、小学校では「ネットワークを仲良く使ったり、情報を積極的に共有したりする態度を身に付けさせるようにする」、中学校では「小学校段階で身に付けた情報モラルの基礎の上に、ネットワークをよりよいものにしたり、新しい文化の創造に寄与したりするといった態度を身に付けさせるようにする」としている。

2. 小・中・高等学校学習指導要領の改訂による大学教育への影響

　2017 年に小・中学校、2018 年に高等学校の新学習指導要領が公示された。高等学校においては「社会と情報」「情報の科学」2 科目からの選択必履修から、「情報Ⅰ」の共通必履修、「情報Ⅱ」の選択履修となる（2022 年度から年次進行で実施）。この改訂では、情報活用能力を言語能力と同様に「学習の基盤となる資質・能力」と位置付けて教科横断的に育成することが明記され、小・中・高等学校を通じたプログラミング教育の充実が謳われている。

　上記の小・中・高等学校におけるカリキュラムの変更により、2025 年には新しい教育を受けた学生が大学に入学してくることとなる。2003 年における高校の教科「情報」の導入時には、大学の教育も変化していくことが予測されていた。しかし実際の調査を行った結果、2006 年の新入生においても以前の学生とほとんど変わることなく、情報リテラシーなどの素養はあるとは言えない状況であった。唯一、それまでと異なり講義で特別な説明と練習を必要としなくなった内容は、「日本語変換」「日本語入力方法」であった。ただし、現在ではスマホの普及によりスマホの文字変換や入力方法に慣れているため、コンピュータにおける文字入力・変換方法に慣れていないことも取り上げられている。しかし、この点はある程度タイプ練習や日本語入力をアプリケーションで実施するようなワープロ課題やレポート作成に取り組ませることで身についていき、慣れてくるように思われる。

　大学教育における「情報リテラシー」教育の内容については、2003 年の教科「情報」の必修化による大きな変化はなかったといえる。社会の情報化による変化・進歩により、特定の部分において再度教育を行う必要がなくなった分

野はあるといえる。しかし、「情報リテラシー」全体として、高校卒業までの教育で社会において生活していくための「情報リテラシー」が身についているかについては、あまり十分とは言えない状況であると思われる。

3. 大学において必要な情報教育

(1) 高校教科「情報」の履修状況

　情報リテラシー教育においては、社会生活を一般的に過ごすことが可能である知識とスキルを身につけることが目標である。またネット社会において、だまされることなく過ごすためにもコンピュータリテラシーの一般的知識とスキルが必要である。

　このような背景のもと、急速に進歩する情報社会に適応できる大学生を育成するために、情報教育の内容を見直し、ICTを駆使した教育環境や学生の適性に沿った授業方法の充実化が求められていると報告されている（金井 2017）。

　金井（2017）は、2016年度の経営学部入学生に対して「教科『情報』の履修状況や情報リテラシーに関する調査」と「情報セキュリティに関する知識と意識を問う調査」の2種類のアンケート調査を実施した。その結果、70%近くの学生が高等学校入学前にコンピュータの利用経験を有していた。コンピュータの活用を中心とした科目である「情報A」と2013年の教科改訂後の「社会と情報」を履修している学生がともに23.5%であり「情報B」「情報C」教科改訂後の「情報と科学」は、ほとんど履修されていなかった。これまでまったく履修していない学生も23.5%であったが、必修であったはずなので回答ミス・勘違いもあると考えられる。コンピュータの印象は「好き」または「おもしろそう」という回答が60%程度あり、半数以上の学生がコンピュータに対して好印象をもっていた。これら高校までの履修状況、情報リテラシーに関する経験、情報セキュリティに関する知識と意識についての傾向をつかむことが、今後の授業計画やカリキュラムの編成に寄与すると報告している。

　そこで、本学においても新入学生全員に高校で履修した「情報科」についてのアンケート調査を実施し、高校における学習の実態を把握することとした。

さらに、それをもとに大学における情報リテラシー教育の見直しを検討するために分析を行った。また、4月と7月に同じアンケートを実施し、大学における情報リテラシーの学習効果についても調査を行った。

〈対象〉

本学2018年度新入学生女性413名を対象とした。4月と7月にアンケート調査を実施して、両方に回答している372名を分析対象とした。平均年齢は約18歳であった。

〈方法〉

本調査は「教科『情報』の履修状況や情報リテラシーに関する調査」と「情報セキュリティに関する知識と意識を問う調査」の2種類の調査を実施した。前者の質問項目は「入学までの情報関連科目に関する履修状況」「アプリケーションの学習状態」に関する内容である。後者の質問項目は、「情報機器等の管理」「マルウェア対策」「アカウント管理」「情報セキュリティに関する専門用語の知識」に関する内容である。ここでは「入学までの情報関連科目に関する履修状況」についてのみ分析を行った。

○調査日時：2018年4月入学時（クラス分け調査の時に同時に実施）。
2018年7月「情報リテラシーⅠ」講義中（試験と同時に実施）。

○質問内容：知識確認はクラス分けの資料として収集している確認データ（中田2018）を用いた。高校における履修科目の質問項目は金井（2017）と同様のものとした。4月は大学のIDを配布する前なので、ID管理については質問項目から削除した。

○手続き：質問項目はWebで実施するタイプ測定や知識確認と同時に実施するため、Google Formで作成して実施した（図4-1）。

4月は、「情報リテラシーⅠ」のクラス分けのデータとしてタイプ測定と知識確認を測定した後、情報教育についての質問として回答を求めた。質問内容は、「高等学校での教科『情報』の履修状況」「Webページの閲覧」「アプリケーションソフトの学習経験」「パソコンに関する理解・印象」「情報機器等の管理」「マルウェア対策」「アカウント管理」「情報セキュリティの専門用語と知識」

情報の知識を確認しますので気軽に回答してください。
入学時と比較しますので学籍番号を間違えないで入力してください。

学籍番号　N20000
氏名　中田笑嘉子　👤　Enterキーを押さないでください。

情報の知識確認

質問項目	知らない	言葉を知っている	使っている・わかる	人に説明できる	わからない	未回答
マウスのダブルクリック	○	○	○	○	○	◉
エンターキー	○	○	○	○	○	◉
ウィンドウを最小化する	○	○	○	○	○	◉
ローマ字入力	○	○	○	○	○	◉
全角/半角キー	○	○	○	○	○	◉
マウスのドラッグ	○	○	○	○	○	◉
ダウンロード	○	○	○	○	○	◉
文字の全角と半角の違い	○	○	○	○	○	◉
ファイルの名前を変更する	○	○	○	○	○	◉
フォルダの作成	○	○	○	○	○	◉
BackspaceキーとDeleteキーの違い	○	○	○	○	○	◉
ファイルのコピー	○	○	○	○	○	◉
言語バー	○	○	○	○	○	◉
漢字変換で文節の区切りを変更す						

図 4-1　調査に用いた Web サイト

である。

　7月は、「情報リテラシーⅠ」の前期終了時にタイプ測定と同時に知識確認を実施した後に質問項目を設けた。質問内容は、4月と同様の項目にSNSについておよびセキュリティについての項目を追加して実施した。

〈結果〉

　97.4%の学生がコンピュータの利用経験を有していた。また、78.1%の学生は高等学校入学以前に学校や自宅などで利用していた。高等学校での教科「情報」の履修状況については、コンピュータの活用を中心とした科目である「情報A」7.5%、教科改訂後の「情報と社会」を履修している学生が77.7%であった。「情報B」(1.2%)、「情報C」(0.3%)、教科改訂後の「情報と

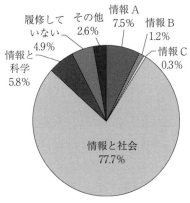

図 4-2　教科「情報」の履修科目名

科学」（5.8％）は、ほとんど履修されていない状況であった（図4-2）。また、教科「情報」の履修学年は1年生で74.3％、2年生で39.9％、3年生で12.4％であり、1年生における必修科目として開講されていることが示された。コンピュータの印象は、4月は「おもしろそう」「好き」の回答が41.6％に対し「むずかしそう」の回答が53.7％と、半数近くの学生がコンピュータに対してあまり良い印象ではなかった。しかし7月においては、「おもしろそう」「好き」の回答が58.9％と増加している（図4-3）。初年次教育における「情報リテラシー」の学習効果であると思われる。

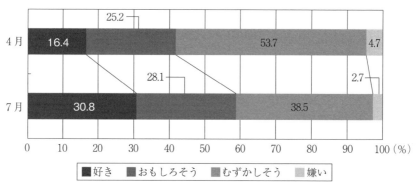

図4-3　コンピュータに対する印象について（4月と7月の回答比較）

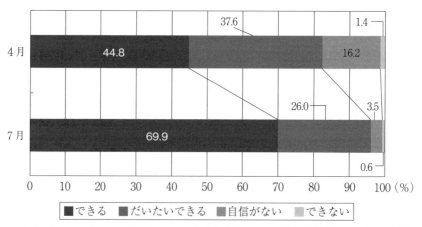

図4-4　「Key（ローマ字）入力ができますか」についての回答（4月と7月の比較）

　ローマ字のKey入力に関しては、「できる」または「だいたいできる」と回答した学生が4月は82.4％、7月は95.9％であった（図4-4）。今まであまりKey入力に自信のない学生にも、大学の初年次「情報リテラシー」教育によって自信を持たせることが可能であることが示唆されている。

　アプリケーションソフトの使用経験については、Microsoft officeについての使用経験に限定して回答を求めた。使用経験は、Wordが92.5％、Excelが89.3％、PowerPointが89.6％、電子メールが71.4％、ブラウザが66.8％と多くの学生が入学までに経験していた（表4-1）。Wordについては、「文章入力だけできる」と回答した学生は94.8％であり、「文章入力と図や表の作成ができる」と回答した学生は55.8％であった。複雑な文章作成は6.9％であるため、大学では課題や論文を通じて応用的な操作ができるようにしていく必要がある。

　ExcelもWordと同様に、「データの入力だけできる」と回答した学生の割合は84.7％であった。「セルの編集」は36.1％、「簡単な関数の利用」は25.1％、「グラフ作成」は41.0％、「複雑な関数の利用」は5.2％であった。基本的な操作を含めた関数の利用やグラフの作成など、応用的な操作ができるよう学習していく必要があることが認められる。

　PowerPointについては、「文字のスライドだけできる」が86.1％、「オブジェクトの挿入」が36.4％、「アニメーション機能」が51.2％であった。PowerPointは比較的簡単な操作が多いが、グループ学習や発表を通じてPowerPointに対する学習意欲を高めることおよび共同作業の際に利用できるその他のアプリケーションなども学習させることが重要であると思われる。

　電子メールに関して、多くの学生は利用経験があるものの、社会人として今後必要となる「BCCによるメールの送信」は4.0％、「CCによるメールの送信」

表4-1　アプリケーション使用経験（入学前）

	Wordの 使用経験	Excelの 使用経験	パワーポイントの使用経験	電子メールの使用経験	Webブラウザの使用経験
ない	6.9％	9.2％	10.4％	28.6％	7.2％
ある	92.5％	89.3％	89.6％	71.4％	66.8％

は4.6%であった。「ファイルの添付」は37.9%と、写真などを添付する機会が多いためにファイルを添付することができる割合は高い結果となっている。

　PCに関する意識については「パソコンの動作についてパソコン内部でどのような処理か行われているのか」または「音声や画像でどのような処理が行われているのか」について知っているかの質問では、4月では「ほとんど知らない」と回答した学生は両設問とも約90%以上であったが、7月では約40%の学生が「少し知っている」と回答している。これは、大学初年次の情報リテラシー教育の学習効果であると思われる。また、自分専用のパソコンを所有していると回答した学生の割合が4月には23.4%であったのに、7月では42.3%と約2倍に増加している。大学では購入するように推奨していないが、前期の段階で課題などが多く出されるため、必要性を感じて購入する学生が増加していると思われる。

〈まとめ〉

　以上の結果から、高校における教科「情報」で、ある程度のアプリケーションスキルは身についてきているが、それは基礎的なもののみで、大学で必要な応用的なものを初年次教育では学習させていく必要があると思われる。特に、表計算においては、データ入力やグラフ作成ができることは知っているが、簡単な関数を用いれば自動的に計算をさせられることを知らない学生も多い。そのため表計算においては、基礎的な関数から応用的な利用までをしっかり学習する必要があると思われる。

　市川ら（2014）は、大学の知識獲得の文脈の中で教育を実践してこそ、情報リテラシーが習得できると考えている。現在、本学の学生は、前期にはスキルの基礎的な学習と情報倫理を、後期にはコンピュータ概論と情報倫理および学術論文のレジュメを作成する課題を学習している。すなわち、特定のテーマに沿った中における教育を実践していると考えられる。今後は特に後期のレジュメ作成などの応用分野の学習量を増加させていくことが必要ではないかと思われる。

　さらに残りの情報セキュリティに関する項目を集計し、成績などとの関連を検討する必要もあると思われる。

(2) 能力別クラス分けによる情報教育の学習効果

　大学における情報教育では、教科「情報」の内容や履修状況により学生の習熟度に大きく差が生じている。そのため、入学時に知識やスキルなどの測定を行い、クラス分けを実施して学習をさせている。クラス分けの効果について以下に述べる。

　高校で「情報」が必修になって以降、大学における情報リテラシー教育では、高校での履修状況などを調査しながら講義内容を検討してきた。高校における「情報」の履修状況および学習内容について調査した結果では、2010年では90％以上の学生が高校で「情報」科目を履修したと回答している。しかし、「履修したかどうかわからない・不明」とする学生が0にならないのも事実である。

　さらに高校における履修内容を調査した結果、ワープロソフトはほぼ80％以上の学生が学習したと回答しているが、表計算およびプレゼンテーションについては、あまり学習していないと報告されている。また、電子メールの利用やWeb検索についても理解が少なく、学習していない可能性の高い項目であった。

　知識については、ウイルスの危険性および自分のコンピュータを守る手段についても知らないと回答する学生が30〜50％おり、プログラミング言語やコンピュータ内部の処理については「学習していない・知らない」と回答している学生の割合は90〜100％であった。

　このような状況において、大学における情報リテラシー教育で、学習習熟度に差のある学生を同じクラスで学習させることは困難である。そのため能力別にクラス分けを行い、それぞれ学習させることで、どのような効果があるかを検討した。その結果、2009年から2011年においては、能力別クラス分けにより学習を進めていくにつれ、クラスの差がなくなる傾向が認められた。この結果から、現在まで同様のクラス分けを実施して講義を行っている。新しい指導要領の学生が入学してくるため、再度これらを集計分析して検討を行った。

　近年、高校で学習してくる内容によっては、大学における教養教育の内容を変更していく必要があるのではないかといった懸念から、様々なアンケートを

実施して大学入学生の情報教育について測定してきている。その結果、今まで
の知識と何ら変わりがなく、教養教育における内容を変更することはないとい
う結論のまま現在に至っている。しかし、実際に年度を経ても、同じ結果が得
られるのであろうか。そこで、クラス分けに利用したアンケートとタイプ測定
の結果と成績についての関係を検討した。

〈対象〉

　本学2016年度入学生330名で、1年生教養必修科目である「情報リテラシ
Ⅰ・Ⅱ」を履修した学生を対象とする。330名のうち、クラス分けタイプ測定
結果、コンピュータの基礎知識、まとめ試験、情報倫理試験など、対象とする
結果すべてのデータがそろった学生のみを分析対象としたため、対象者は307
名であった。

〈方法〉

　入学ガイダンスの日程内で、Webによるタイプ測定とコンピュータの知識
確認アンケートを実施した。知識確認アンケートは、コンピュータに関する基
本的な用語を「知らない」「言葉を知っている」「使っている・わかる」「人に
説明できる」で回答するものであった。質問項目は表4-2の25項目である。
基礎知識の最後には、コンピュータ関連の資格を取得しているか否かを問い、
持っている資格を自由記述する質問と、「学習したことのあるプログラミング
言語の名前を記入する」質問を含めた（図4-5）。

　タイプ測定方法は、一定時間内におけるタイプ入力文字数を測定した。これ
らを集計し、学科ごとにクラスを初心者クラスと中級者クラスの2クラスに
分級して講義を実施した。図4-6はタイプ測定の開始画面である。知識確認ア
ンケートの後、この開始画面が提示され、Sを入力することで、測定時間のカ
ウントダウンが始まり、ローマ字と日本語で提示される単語・熟語を入力す
る。入力が正しければ文字が消去されて次の熟語・単語が提示される仕組みで
ある。測定時間は60秒であり、3回まで測定可能とした。

　前期・後期講義の講義概要を表4-3に示した。講義では、表4-3のスキルに
加えて、前期はタイプ練習を毎時間実施した。前期・後期ともに情報倫理の学
習とコンピュータの基本構造などの基礎知識を学習するビデオ教材の内容も含

表 4-2　知識確認の質問項目

	質問項目		質問項目
1	マウスのダブルクリック	13	言語バー
2	エンターキー	14	漢字変換で文節の区切りを変更する
3	ウィンドウを最小化する	15	コントロールキー
4	ローマ字入力	16	エスケープキー
5	全角／半角キー	17	直接入力
6	マウスのドラッグ	18	アイコン
7	ダウンロード	19	NumLock キー
8	文字の全角と半角の違い	20	MS-IME パッドの手書き入力
9	ファイルの名前を変更する	21	ネットワークドライブの割り当て
10	フォルダの作成	22	オルタネートキー
11	Backspace キーと Delete キーの違い	23	ディレクトリ
		24	エディタ
12	ファイルのコピー	25	プログラミング

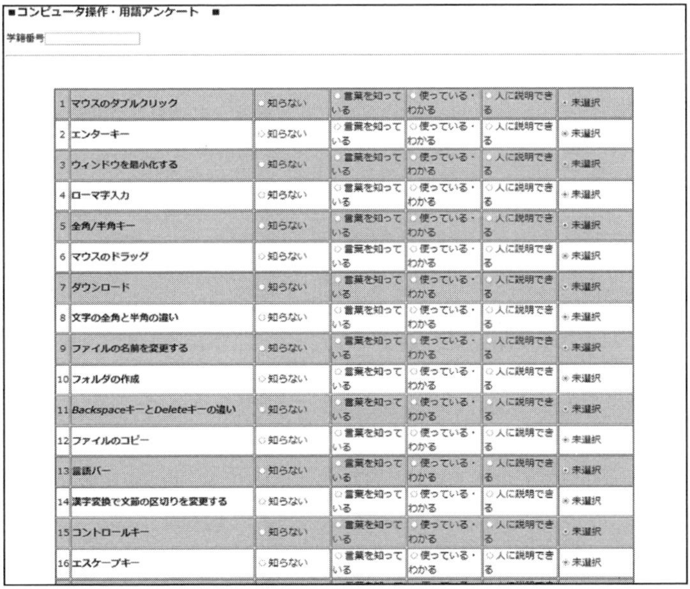

図 4-5　知識確認アンケート画面

図4-6　タイプ測定画面

表4-3　前期・後期講義内容

講義回数	前期	後期
1 〜 2	ログインなど基本的な利用方法 学内ネットワークの利用方法	復習問題（著作権について調査レポート）
3 〜 4	毎時間タイプ練習 基本的な使い方 情報倫理教育	表計算復習問題 表計算応用　関数利用 コンピュータ概論 情報倫理教育
5 〜 6	レポート作成・文書作成 情報倫理教育	表計算応用　グラフ作成 コンピュータ概論 情報倫理教育
7 〜 8	文書作成復習問題 情報倫理教育	プレゼンテーションソフト応用 コンピュータ概論 情報倫理教育
9 〜 10	表計算基本操作と基本問題 情報倫理教育	レジュメ作成 情報倫理教育
11 〜 12	プレゼンテーションソフト基本 情報倫理教育	レジュメ作成から発表原稿 情報倫理教育
13 〜 15	表計算復習 タイプ練習結果提出 情報倫理教育と試験	ワープロ・表計算復習 コンピュータ概論試験 情報倫理試験

めている。ビデオ教材は視聴後、概要をレポートとして毎時間記載させ、最後に課題として提出させている。

　講義内で作成した課題や課外でのレポートなどを含めて、半期で 7 ～ 10 の課題を提出させる内容としている。初級クラスと中級クラスの違いは、進度および課題数となる。成績は、前期は課題提出状況と課題の評価、タイプ練習の進度と達成度および情報倫理試験により評価する。後期は、これに加えて「コンピュータ概論のまとめ試験」を追加して評価を行っている。

　情報倫理はビデオ教材（データパシフィック社製、情報倫理小品集 3、4）を視聴した。それは、大項目として「ID の管理」「情報の管理」「便利と信頼性」「参加」「取引」「メールの使い方」「情報発信」「知的財産権」からなる 30 のビデオ教材であった。コンピュータ概論では、「コンピュータ入門」のビデオ教材を視聴し、不足部分については教員が追加説明を行った。内容は「コンピュータシステムとは：コンピュータとは何か、コンピュータの発展過程、コンピュータの種類、コンピュータ・システムの基本構造」「情報の扱い方：数値の表現方法、文字の表現方法」「コンピュータの仕組み：コンピュータ・システムの代表的な装置、入力装置、主記憶装置、補助記憶装置、CPU（中央処理装置）、出力装置」「ソフトウェア：ソフトウェアとは、ソフトウェア開発」「ビジネスにおけるコンピュータの活用：基幹業務と基幹システム、情報系システム、その他の業務支援システム、ビジネスでのネットワークの活用」の 5 巻から構成されている。各巻が終了するごとに確認問題を解説し、まとめ試験はこれらから 50 問を出題して実施している。

　タイプ測定、知識確認アンケートおよびその他の試験はすべて Web 上で実施した。レポート提出については、学内教員の様々な提出方法に対応できるように、「印刷して提出」「ネットワークドライブに提出（学内専用）」「メールに添付して提出」「大学専用ポータルのレポートに提出（Web でアップロードするため締め切りが厳密、またポップアップ許可が必要、ファイル名の長さ制限、ファイルの大きさ制限など様々な操作について理解していない場合、個別の場面で提出できなくなっている場合も認められている）」と考えられる提出方法をすべて体験させ、すべてを実行できるように学習させている。分析は、

知識確認アンケートの結果とタイプ測定結果およびまとめ試験の得点を比較検討した。すべてのデータはSPSS（IBM社の統計解析ソフト）で統計処理を行った。

〈結果とまとめ〉

　クラスごとのタイプ測定結果を図4-7に示した。その結果から、2016年度においてはどちらのクラスも4月より12月における測定結果が有意に増加していることが認められた（F = 258.87、df=2、p＜0.001）。これは、両クラスともにタイプの学習成果が上がっていることを示している。しかし、クラスにおける差が減少することはなかった。

　知識確認アンケートの合計得点においては、どちらのクラスにも有意差は認められないが、4月より12月における合計得点が高いことが認められた（図4-8）。

　知識については、2009～2011年度におけるクラス分けの知識確認アンケートの得点の集計では、中級クラスの平均は100点以上であり、初級クラスでは60点前後であることを報告した。その結果と比較すると、2016年度の入学生は、入学時点の知識の得点が低いことが認められる。また、学習に伴う得点

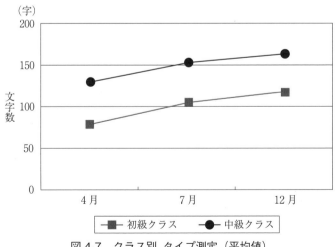

図4-7　クラス別 タイプ測定（平均値）

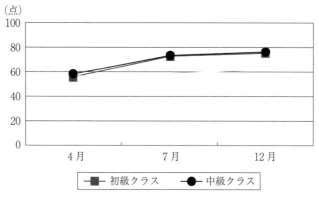

図 4-8　クラス別　知識確認アンケートの得点（平均点）

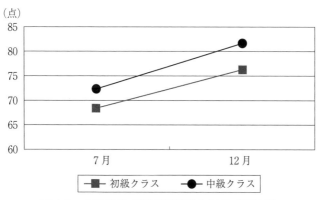

図 4-9　クラス別　情報倫理試験の得点（平均点）

の上昇もあまり認められていないことが示されている。

　続いて、前期および後期に実施する情報倫理の試験の得点を比較した（図4-9）。これらの得点は、大学に入学後の情報倫理教育による結果であると思われる。その結果、クラスごとの差はあまり認められない。また、同じ問題を12月に実施した得点と比較してみると、どちらのクラスも7月より12月の得点が増加していることが認められた。この結果から、ビデオによる「情報倫理」の学習成果がある程度認められるのではないか思われる。

　「情報倫理」については、すべての項目を視聴するまでに1年かかるほど項

目が多い。また、内容としても繰り返し同じ注意喚起をするような教材や、実際にニュースなどで現在起こっている問題（ウイルス、パスワード漏えいなど、その時点でニュースに取り上げられている問題）を教員が追加で説明していく。それらも含めて、1年間継続して視聴していくことで、「情報倫理」に対する認識が高められるのではないかと思われる。

　知識確認アンケートについては、項目別の分析を行った。テスト実施時期別の項目別得点を図4-10に示した。4月より7月、12月において、どの質問項目も得点が高くなっていることが認められた。知識確認アンケートは、得点が高ければ知識として学習できているだけでなく、人に教えられる程度であると考えられる。

　さらに、クラス別に集計した結果では、初級クラスも中級クラスも4月より7月、7月より12月に知識の得点が上昇していることが認められた。クラス別の4月、12月の知識確認アンケートの結果を図4-11に示した。4月の段階では、どちらのクラスも低い得点となっており、特に初級クラスでは得点の低い項目が多数認められている。しかし、12月の得点では、両クラスともにすべての項目で得点が高くなっていると同時に、クラスの差がほぼなくなっていることが認められ、有意差もないことが示されている。初級クラスにおける得点の上昇率が高く、両クラスともに1年生の終了時においては、大学で必要な情報リテラシーの知識を身につけることができていると思われる。特に、「マウスのダブルクリック」「フォルダの作成」「ファイルのコピー」については有意に得点が上昇しており、知識としてこれらの項目が身についてきたことが認められるといえる。

　最後に実施する「コンピュータ概論のまとめ試験」については、初級クラス85.5点、中級クラス78.6点であり、初級クラスの得点が有意に高いことが示された。試験は、「コンピュータ概論」視聴後にWeb上で行う確認テストとまったく同じ問題を制限時間内に解答させるものである。そのため、確認テストをきちんと学習している学生は満点近い得点となっている。教員は試験に関して、「コンピュータ概論の確認テストをまとめて試験します。確認テストと同じ問題を出しますのでしっかり学習してきてください。問題はまったく同じ

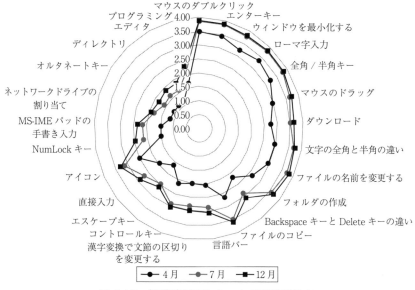

図 4-10　知識確認アンケートの項目別得点

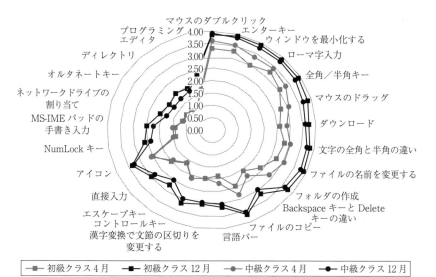

図 4-11　クラス別 知識確認アンケートの得点（4 月・12 月）

ですが、時間制限があります。また教科書などの持ち込みはできません」と同じ教示を行っている。学生についていえば、確認テストのWeb解答を印刷して学習している学生と、Web上で何度か解答を繰り返している学生を見かけるが、それ以外の学生は特に学習をしていない可能性がある。学習しなかった学生が中級クラスに多いという結果になったことについては、学習に対する姿勢や態度が関連する可能性があると思われる。しかし、講義終了後のアンケートなどで聞いていないため、明確な分析はできていない。

タイプ試験および知識確認アンケートの得点により、「情報リテラシー」を能力別クラスに分けて講義を実施した。2009 ～ 2011 年の結果では、学習を進めていくにつれ、クラスの差がなくなる可能性が認められた。2016 年の結果では、能力はどちらも向上していくが、クラスの差はそのまま継続する傾向が認められた。能力別クラス分けについて、その必要性の報告は多い。本学では、実際のタイプスキルと基礎知識をもとにクラス分けを実施しているが、スキルでなく自己申告によるクラス分けによる有効性も報告されている。今後、有効なクラス分けに用いる指標として何を用いるのがよいかについて、検討が必要であると思われる。

高校における「情報」の新学習指導要領が2022 年 4 月より適用されることで、入学生の「情報」における習熟度も異なってくるであろう。今後、さらにデータを収集し検討を行うことで、学習効果の高いクラス分け方法や、習熟度の測定方法を検討できると思われる。

4. これからの情報教育

高等学校における「情報」が2003 年に必修化になってから17 年が経過している。必修になることで、大学における情報リテラシーで学習させることについて、様々な学会でも研究発表が行われ議論もされてきた。筆者は、必修化された学習指導要領で学習した最初の入学生を迎えた2006 年から、知識やタイプについての予備試験を実施してきた。その結果、高校において「情報」が必修化されたのちも、入学生の知識やスキルについてはほとんど変化が認めら

れなかった。そのため、大学における情報リテラシーの学習内容について、以前とほぼ同じ内容を学習させることとなった。ただし、大きく異なったのは学生の知識やスキルの差が大きくなってきたことであった。そのため、初年次に担当する情報リテラシー科目においては、能力別クラス分けを実施して学習させてきた。実際に、能力別クラスにすることで中級クラスでは多くの課題を実施して学習も早く進めることが可能であった。初級クラスでは、課題をゆっくり理解して遂行できるまで学習させることができた。

　各種学会においても、情報リテラシー教育を外注（専門学校やコンピュータメーカーなどに担当させる）することで学習成果を上げている大学などの報告も過去にされていた。また国公立大学では必修化することなく、選択科目として少ない人数での受講がやっと保たれている大学や、3 回程度の説明会で分厚いマニュアルを解説して情報リテラシー学習とする大学などもあると報告されている。国公立大学では様々な問題のため、初年次教育や初年次情報リテラシー教育などが、全学必修科目として実施されにくい環境にある様子がうかがえる。

　そこで、筆者が収集してきたクラス分けデータから、学習効果と知識の学習達成度の経年変化を分析し、今後の大学における情報リテラシー教育に何を必要とするべきなのかについて検討する。

〈方法〉

　本学の学習内容として前期は、タイプの能力向上のため毎時間 15 分程度の強制的なタイプ練習を実施するとともに、ワープロ基礎・応用、表計算基礎、プレゼンテーション基礎と情報倫理教育（ビデオ教材の視聴で学習し、レポートにまとめて提出）を行っている。後期は、タイプ練習 10 分程度、ワープロ応用と表計算応用、レジュメ作成と発表用プレゼンテーション作成、コンピュータ概論（ビデオ教材と講義で実施）を行っている。

　2007 年から実施してきたクラス分けであるが、現在の知識確認とタイプ測定の形式で実施し始めたのは 2012 年からである。そこで、タイプ測定の結果を年度ごとに集計した。また、達成度を測定するために、クラス分けと同じ試験を 7 月、12 月にも実施している。その結果もあわせて分析を行う。年度に

よっては7月、12月のデータがそろっていない場合もあるため、データがある部分についてのみ分析を実施した。分析にはSPSSを用いた。

〈結果とまとめ〉

　2009 ～ 2011 年における分析では、4月から7月、12月になるにつれ、タイプ測定結果は有意に文字数が増加しており、学習効果が十分認められている（中田 2013、2014b、2018a）。2016 年においても、4月から7月、12月になるにつれ、有意に入力文字数は増加している。講義のアンケートにおいて、タイプの入力文字数の増加については学生の満足度も高く、「就職しても役に立つことが身についてよかった」など、今後も学習成果が役立つと感じられる結果となっている。

　年度別タイプ測定結果を図4-12に示した。どの年度においても、4月に比較して入力文字数は増加していることが認められる。気になる点は、年度を経るにつれて入学時のタイプ文字数が減少している点である。携帯電話やスマホの普及により、キーボードによる入力練習をあまり行っていない可能性があると考えられる。知識についての得点は大きな有意差ではないが、タイプと同様

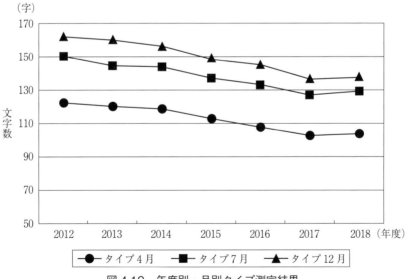

図 4-12　年度別・月別タイプ測定結果

に得点が増加している。

　情報リテラシーの学習内容は、大学における 4 年間で必要だと思われる内容を検討して学習させている。入学時の学生は、神部ら（2017）も指摘しているように、情報リテラシーとしての簡単なスキルはある程度もっているが、大学 4 年間で必要なスキル、さらには社会に出てから必要なスキルや常識は身についていないのが現状である。これらを 1 年生の必修科目で学習させる内容にしているが、その後も使わなければ忘れてしまう。そのため、実際に卒論を書く際には忘れている学生が多いのが現状である。情報リテラシーで学習した内容を維持できるように、2 年次以降における各専門科目においても、レポート作成や学習課題を提示する必要があると思われる。さらに、近年注目されている「アクティブラーニング」においては、共同作業やプレゼンテーションなどが必要となる。その際に情報リテラシーを工夫して実施することで、効率よく課題を遂行することが可能になってくると思われる。

　知識については質問項目ごとにさらに細かな分析を実施し、何が理解できていないのかを見極めて学習させていく必要があると考える。

　今後、初等中等教育において「情報」教育が実施されることで、大学における「情報リテラシー」教育では、学生の能力を測定してレベルごとに情報スキルの向上と共同作業の方法、さらに情報セキュリティーとコンピュータの仕組み、論理的思考を身につけられるような学習内容を検討することが必要であると思われる。

おわりに

　情報処理教育から始まり、情報リテラシー教育へ進化してきた初年次情報教育について、初期から中期における進化や講義の内容・学習効果をまとめてきた。これらのことから、大学において最初に受講する情報教育（一般情報教育や情報処理教育、情報リテラシー教育とされている）について、必要ないとする大学は現在のところ皆無と思われるが、その内容・必要性については様々な解釈があると思われる。地域による格差もあれば、教員の考え方の違いもある。それぞれの大学で経済的な事情なども異なっている。

　方法はどのように変化しても、また学生が入学時に習得しているレベルが異なっても、基本的に社会生活において必要な情報処理能力や常識は、大学で再度確認して身につけるべきであると考える。重複した学習による学習効果も考えられるため、高校の教科「情報」で学習したから大学で必要ないということは、間違いであると思われる。すべての大学生が情報リテラシーを身につけて入学してくるわけではないのである。そのためにも、大学における初年次情報教育は必要であると思われる。

　今後も、教員の工夫により情報処理能力を身につけさせられるべく、各大学で初年次情報教育が開講されていくことを希望したい。

　最後に、大学教育出版のみなさんはじめ、多くの方々のご尽力に感謝いたします。日本語の表現などつたない部分も多く、大変丁寧に見ていただき多くのアドバイスをいただきました。これがなければ書籍として仕上げることはできなかったと思います。記して感謝いたします。

参考文献

1. 相原玲二、広島のインターネットの始まりとこれから、Internet Week ショーケース in 広島、2018（https://www.nic.ad.jp/sc-hiroshima/program/aibara.pdf、2020/10/6）

2. 浅野竜也、川上紳一、都築慎一、上田康信、丹羽直正、酸性雨の測定をとりいれた中学校選択理科における環境教育の実践、岐阜大学教育学部研究報告 自然科学、Vol.28、No.2、2004、pp.109-115

3. 阿部健、高齢者支援の情報ネットワーク応用、日本機械学会通常総会講演会講演論文集、74（5）、1997、pp.436-437

4. 安藤浩平、花沢成一、大村政男、佐藤誠、心理検査の理論と実際、東京、駿台出版、1980

5. 市川博、齊藤豊、豊田雄彦、本間学、高等教育における情報リテラシー教育の検討、人間生活文化研究 2014（24）、2014、pp.131-135

6. 一般社団法人情報処理学会 Web サイト「コンピュータ博物館」（http://museum.ipsj.or.jp/computer/device/paper/0015.html、2020/9/5）

7. 一般社団法人情報処理学会、大学等における一般情報処理教育の在り方に関する調査研究委員会、大学等における一般情報処理教育の在り方に関する調査研究、文部省委嘱調査研究 平成 4 年度報告書、1993

8. 伊東昌子、後藤斉衣子、清水良真、高齢者が PC を用いてインターネットの利用法を学習する遠隔教育環境のデザインと試行、日本教育工学会論文誌、Vol.24、No.4、2001、pp.235-245

9. 稲垣知宏、広島大学に見る一般情報教育カリキュラムの改革、情報処理、Vol.55、No.4、2014

10. 井上和子、コンピュータとの接触がコンピュータのイメージに及ぼす影響、日本教育心理学会第 31 回総会論文集、1989

11. 上野晴樹、インターネットを活用した高等教育、情報処理学会誌、Vol.39、No.7、1998、pp.633-637

12. 上野晴樹、21 世紀への提言 情報通信技術による教育改革 3、インターネットを活用した高等教育、情報処理、Vol.39、No.7、1998、pp.633-637

13. 臼井邦人、栗本育三郎、SCS による双方向性遠隔授業の試み、木更津工業高等専門学校紀要、No.35、2002、pp.11-16

14. NTT 西日本公式ホームページ（https://flets- w.com/service/next/area/34hiroshima.html、2020/10/10）

15. 大岩元、一般情報教育、情報処理、第 32 巻第 11 号、1991、p.1184

16. 大島修、1A 25 年目を迎える岡山理科大学との単位認定を伴う高大連携遠隔授業（遠隔

授業による教育の連携、日本教育情報学会第 22 回年会）、日本教育情報学会、年会論文集（22）、2006、pp.6-7

17. 太田 信宏、入学生の情報リテラシーと Office ソフトスキルに関する調査・研究、教育情報研究、日本教育情報学会、29（2）、2014、pp.3-14

18. 岡村耕二、インターネット上での遠隔授業における動画像の品質の効果に関する研究、教育システム情報学会全国大会講演論文集、Vol.23、1998、pp.391-392

19. 掛下哲郎、国内 750 大学の調査から見えてきた情報学教育の現状： ―（2）情報専門教育編 ―、情報処理 58（6）、情報処理学会、2017、pp. 520-525

20. 掛下哲郎、高橋尚子、国内 750 大学の調査から見えてきた情報学教育の現状： ―（1）調査の全貌編 ―、情報処理 58（5）、情報処理学会、2017、pp.420-425

21. 金井猛徳、大学新入生の情報リテラシに関する調査と考察、大阪経大論集、大阪経大学会、68（1）、2017、pp.149-159

22. 川田博美、武岡さおり、田口継治、杉村藍、尾崎正弘、能力別クラス編成による効果的な情報教育の実施について、教育情報研究、19 巻、2 号、2003、pp.17-26

23. 川田博美、武岡さおり、森屋裕治、田口継治、尾崎正弘、習熟度別クラス編成による効果的な情報教育カリキュラム構築の実践について、日本教育情報学会年会論文集（19）、2003、pp.202-205

24. 神部順子、小原裕二、八木徹、山口敏和、玉田和恵、松田稔樹、ICT 問題解決力を育成するカリキュラム開発に向けての予備調査（教育の情報化／一般）、日本教育工学会研究報告集、17(3)、2017、pp.23-28

25. 菊池豊、吉村章二郎、北脇純雄、塩原勝男、片山卓也（通信・放送機構）、パソコンと無縁のユーザに対する地域情報化の試み、電子情報通信学会技術研究報告、Vol. 97、No.65（OFS97 1-7）、1997、pp.27-32

26. 京都コンピュータ学院（https://www.kcg.ac.jp/museum/computer/mainframe_computers/univac.html、2020/8/25）

27. 倉本到、吉田壱、宗森純、首藤勝、インターネットを用いた多地点研究指導実験、電子情報通信学会技術研究報告、Vol.97、No.74（CQ97 1-8）、1997、pp.7-14

28. 黒田卓、平井重春、石黒智則、道正雅美、木矢村敏樹、河島君知、山西潤一、中野愼夫、遠隔教育における ATM-LAN の利用、日本教育工学会研究報告集（JET98-3）、1998、pp.75-80

29. 経済産業省商務情報政策局情報処理振興課編、E ラーニング白書 2005 ／ 2006 年版、オーム社、2005

30. 公益社団法人私立大学情報教協会（http://www.juce.jp/LINK/jigyou/gyouji_back.htm、2020/9/5）

31. 黄星斉、近藤すすむ、岡永陽治、三好一賢、衛星インターネットによる遠隔授業実験、

電子情報通信学会技術研究報告、Vol.98、No.30（ET98 61-71）、1998、pp.17-21

32. 國學院大學Webページ、共通教育科目／教養総合科目に関する注意事項、（https://www. kokugakuin.ac.jp/assets/uploads/2017/03/ccbe7f9d3e64e325192205e907d73853.pdf、 2021/3/3）

33. 国分道雄、文系学生へのプログラミング教育、聖学院大学論叢、2008、pp.197-206

34. 国立感染症研究所（https://www.niid.go.jp/niid/ja/、2020/9/5）

35. 近藤喜美夫、大学間教育交流ネットワークSCSの開発、メディア教育研究、No.7、 2001、pp.1-27

36. 篠政行、平成22年度入学生における普通教科「情報」の履修に関するアンケート調査、 駒沢女子大学研究紀要17、2010、pp.111-123

37. 情報処理学会 一般情報教育委員会、一般情報処理教育の知識体系（GEBOK）、2011、 （https://sites.google.com/site/ipsj2010sigge/home/gebok、2021/3/4）

38. 情報処理研究集会発表予稿集、1995、1996

39. 関根千佳、高齢者や障害者を支える情報技術 ― 本当はパソコンって使いにくくないです か？―、情報処理、Vol.41、No.6、2000、pp.624-628

40. 高橋邦夫、100校プロジェクトの実践から、情報処理学会誌、Vol.39、No.7、1998、 pp.638- 644

41. 高橋尚子、国内750大学の調査から見えてきた情報学教育の現状：―（3）一般情報教 育編―、情報処理58（6）、情報処理学会、2017、pp. 526-530

42. 高橋三雄、ソフトウェア探訪（91）遠隔教育への期待、BIT（Tokyo）、Vol.29、No.7、 1997、pp.112-114

43. 竹上健、表計算ソフトのVBAによるマクロ処理教育の検討、教育システム情報学会第 36回全国大会講演論文集、2011、pp.28-29

44. 竹田尚彦、情報教育入門の8年間と今後、Vol.8、2008、pp.6-13

45. 竹田尚彦、大学における情報教育 ― 大学教育の変化の中で―、オペレーションズ・リ サーチ（経営の科学）、52（8）、2007、pp.445-449

46. 玉井寛、田中芳美、柏木繁雄、項目単位の因子分析によるY-Gテストの次元性の確証、 心理学研究、第56巻、1985、pp.292-295

47. 続有恒、織田揮準、鈴木真雄、質問紙法による性格診断の方法論的吟味、教育心理学研 究、第18巻、1970、pp.33-47

48. 特定非営利活動法人中国・四国インターネット協議会、中国・四国インターネット協議 会 活動報告、（http://www.supercsi.jp/csi/、2020/10/6）

49. 永井昌寛、清水大、奥田隆史、山口栄作、情報リテラシ授業における学生アンケートに よる能力別クラス分けの検討、日本教育工学会論文誌29、2006、pp.225-228

50. 中田美喜子、情報処理教育の学習適性に関する研究 ― BASIC言語習得における個人の

資質要因について ―、広島修大論集、広島修道大学人文学会、第 30 巻第 2 号、1990a、pp.211-219

51. 中田美喜子、情報処理教育の学習適性に関する研究（2）― BASIC 言語習得における個人の性格要因について ―、広島修大論集、広島修道大学人文学会、第 31 巻第 1 号、1990b、pp.29-37

52. 中田美喜子、松田俊、香川修見、情報処理教育における学生の資質について、広島電機大学・広島自動車工業短期大学研究報告、第 23 巻、1990c、pp.115-122

53. 中田美喜子、情報化社会におけるコンピュータ教育について ― 大学生及び専門学校生のコンピュータに対する態度 ―、一般教育学会誌、第 12 巻第 2 号、1990d、p.63

54. 中田美喜子、松田俊、情報処理教育における学生の資質について（2）、広島電機大学・広島自動車工業短期大学研究報告、第 24 巻、1991、pp.113-120

55. 中田美喜子、コンピュータに対する学生の態度について ― 情報処理教育受講前後の態度変化 ―、広島電機大学・広島自動車工業短期大学研究報告、第 26 巻、1993、pp.171-180

56. 中田美喜子、コンピュータに対する意識調査 ― 広島電機大学附属高等学校及び広島電機大学の場合 ―、広島電機大学・広島自動車工業短期大学研究報告、1995、pp.171-180

57. 中田美喜子、Santiago R.、島田留美子、日米の情報処理教育に関する比較研究 ― コンピュータに対する意識調査 ―、電気通信普及財団研究助成、1996

58. 中田美喜子、Santiago R.、島田留美子、一般教育におけるインターネットの利用 ― 日米の学生によるネットを利用した文化交流 ―、電気通信普及財団研究調査報告書、1997、pp.1036- 1044

59. 中田美喜子、武良徹文、遠藤俊郎、生涯学習に関する意識調査 ― 広島電機大学公開講座参加者に対する調査から ―、広島電機大学・広島自動車工業短期大学研究報告、Vol.31、1998、pp.145-148

60. 中田美喜子、鋼昌伸、マルチメディアを利用した高齢者向けネットワークの構築 ― 高齢者端末及びソフトの開発とその操作性について ―、電気通信普及財団研究調査報告書、2000

61. 中田美喜子、永田純一、鋼昌伸、菅秀樹、非同期型 e-Learning システム利用による学習効果、広島国際学院大学研究報告、第 38 巻、2005、pp.85-90

62. 中田美喜子、永田 純一、遠隔教育による単位互換科目 ― ブログと e-learning を用いて ―、平成 18 年度情報教育研究集会講演論文集、2006、pp.47-50

63. 中田美喜子、Web とブログを用いた遠隔教育 ― 再履修クラス開講について ―、広島女学院大学論集、第 57 巻、2007、pp.61-67

64. 中田美喜子、インターネットを利用した遠隔教育 ― 技術的進歩と受講者の意識について ―、広島女学院大学論集、第 58 巻、2008、pp.153-164

65. 中田美喜子、能力別クラスわけによる「情報リテラシ」教育の学習効果について、教育改革ICT戦略大会、2013

66. 中田美喜子、非常勤と専任の連携による初年次情報教育の実施について ― SNSを利用した連携方法 ― 、広島女学院大学国際教養学部紀要、第1号、2014a、pp.5-12

67. 中田美喜子、「情報リテラシ」教育における能力別クラス分けによる教育効果、大学教育学会第36回大会、2014b、pp.196-197

68. 中田美喜子、情報リテラシにおける能力別クラスわけの学習効果、広島女学院大学論集、第65巻、2018a、pp.1-8

69. 中田美喜子、学習環境を保証する工夫について ― 教員によるビデオサイトの作成 ― 、広島女学院大学国際教養学部紀要、第5号、2018b、pp.35-42

70. 中田美喜子、ICTを利用したアクティブ・ラーニング ― ICT利用の事例 ― 、広島女学院大学論集、第67巻、2020a、pp.1-11

71. 中田美喜子、Google Classroom を利用した講義の進め方、広島女学院大学人文学部紀要、第1号、pp.1-10、2020b

72. 中田美喜子、西口理恵子、宮内まどか、Google Classroom を利用した遠隔教育 ― 本学におけるCOVID-19対応における遠隔教育の実施状況 ― 、広島女学院大学論集、2021

73. 永田純一、中田美喜子、中村格芳、鋼昌伸、菅秀樹、Bフレッツを利用した同期型e-learningシステムの運用、広島国際学院大学研究報告、第37巻、2004、pp.91-98

74. 永野和男、情報教育で求められる学習活動と新しい学習環境、日本教育工学会シンポジウム「情報教育の新しい展開と内容」、1998、pp.30-33

75. 西村衛治、大学－高校間を結ぶ遠隔授業の科学教育における利用、物理教育、Vol.46、No.4、1998、pp.175-178

76. 日本教育工学会（http://www.jset.gr.jp/s-taikai01/、2020/9/5）

77. 日本教育工学会、2020年春季全国大会 評価アンケート結果（https://www.jset.gr.jp/annual/、2020/9/5）

78. 野村卓志、原田茂治、大学生に対する情報リテラシー教育、静岡文化芸術大学研究紀要13、2013、pp.65-69

79. 鋼昌伸、中田美喜子、後藤忠啓、次世代介護支援システムの開発 ― 高齢者向けインターネット端末の試作 ― 、広島国際学院大学研究報告、第32巻、1999、pp.153-159

80. 萩原和晃、Chamnongkijphanich T.、丹波次郎、e-learningの実用性について、電子情報通信学会大会講演論文集 2004年 情報・システム（1）、2004、p.187

81. 平嶺建二、特集 在宅健康管理システム、ホームケアテクノロジー 健康長寿社会をめざして；健康支援情報の運用技術、日本機械学会誌、Vol.101、No.950、1998、pp.26-29

82. 広島地区私立大学情報基礎教育研究会、広島地区私立大学における情報基礎教育の現状と課題、1995

83. 広島女学院大学補助金申請書類（2020 年度）

84. 深町修一、文系の学生に対するコンピュータプログラミング教育の一考察、福岡国際大学紀要、2010、pp.39-45

85. 藤井美知子、直野公美、丹羽量久、大学入学生の情報教育に関する 5 年間の調査・分析、長崎大学 大学教育機能開発センター紀要 2、2011、pp.59-64

86. 松田浩平、授業進行に伴う女子学生のコンピュータに対する態度の変容、コンピュータと教育、第 7 巻第 2 号、1989、p.1

87. 文部科学省、教育の情報化に関する手引（検討案）2009.2.20（http://www.mext. go.jp/b_menu/shingi/chousa/shotou/056/shiryo/attach/1249662.htm、2018/11/14）

88. 文部科学省、経済社会の推移と世代ごとにみた働き方（https://www.mhlw. go.jp/wp/hakusyo/roudou/、2018/12/1）

89. 文部科学省、小学校学習指導要領（平成 29 年告示）解説 総則編 平成 29 年 7 月、2018、pp.83-85

90. 文部省大学審議会、「遠隔授業」の大学設置基準における取り扱い等について（答申）、1997

91. 山崎初夫、磯本征雄、吉根勝美、コンピュータリテラシー教育の提出レポート分析に基づく授業評価、電子情報通信学会技術研究報告（教育工学）94（102）、1994、pp.9-14

92. 山田冨美雄、田多英興、島井哲志、増田公男、時田学、松田俊、鈴木隆男、福田恭介、山崎勝之、川本正純、藤川治、田中衛、和田清吉、子供の健康とコンピュータに関する調査（第一報）：調査のあらましとコンピュータ利用の現状（一般教養）、関西鍼灸短期大学年報、第 6 巻、1991、pp.62-78

93. 山田冨美雄、川本正純、藤川治、田中衛、和田清吉、島井哲志、松田俊、田多英興、子供の健康とコンピュータに関する調査（第二報）：ゲーム中・後の子どもの行動に関する質問項目の分析（一般教養）、関西鍼灸短期大学年報、第 7 巻、1992、pp.66-72

94. 山根薫、人格の診断、東京、日本文化科学社、1980

95. 郵政省、高齢者・障害者の情報通信の利活用の推進に関する調査研究会調査研究報告書（郵政省 S）平成 9 年、1997、p.60

96. 郵政省、高齢者・障害者の情報通信の利活用の推進に関する調査研究会報告書資料集（郵政省 S）平成 9 年、1997、p.128

97. ユーザーローカル テキストマイニングツール（https://textmining.userlocal.jp/、2020/9/5）

98. 吉田幸二、酒井三四郎、水野忠則、インターネット交信と WWW を使った技術者教育、情報処理学会シンポジウム論文集、Vol.98、No.8、1998、pp.383-390

99. 吉野孝、井上穣、由井薗隆也、伊藤士郎、長沢庸二、宗森純、分散協調支援とその応用 インターネットを介したパーソナルコンピュータによる遠隔授業支援システムの開発と適用、情報処理学会論文誌、Vol.39、No.10、1998、pp.2788-2801

100.　若林義啓、栢木紀哉、上田千惠、高等学校における教科「情報」の現状と課題 ― 全国調査から見た教育内容と教員の意識 ―、第 73 回全国大会講演論文集 2011（1）、2011、pp.369-370

101.　渡辺成良、大学教育における新しい学習環境研究の現状と分類、教育システム情報学会研究報告 第 62 回研究会発表論文集、Vol.97、No.1、1997、pp.23-30

付　録

広島地区における各大学のカリキュラム一覧（1995年当時）

理系のカリキュラム

大学名	情報基礎科目名	履修年次	選択・必修	概論	OS	エディタ	ワープロ	表計算	言語	データベース	通信	備考
D大学	計算機実習	1	必修	有	MS-DOS UNIX	SE3 vi	一太郎	無	FORTRAN C	無	インターネット	自作教科書 タイプ練習ソフト使用
E短大	情報処理基礎演習	2	選択	無	MS-DOS	無	無	無	BASIC	無	無	将来は概論をもうけたい、BASICを使用してシミュレーションを実施（自動車整備）
I大学	情報処理演習基礎1	1	選択	有	MS-DOS	NEED, SE3	アシストワード	ワークス	BASIC	無	無	自作プリント タイプ練習ソフト使用 概論VTR使用
	情報処理演習基礎2	1	選択	有	MS-DOS	NEED, SE3	アシストワード	ワークス	BASIC	無	無	自作プリント タイプ練習ソフト使用 概論VTR使用
	情報処理応用演習	2	選択	無	MS-DOS	SE3, RED	無	無	PASCAL FORTRAN	無	無	情報処理演習基礎1または2を履修済み学生用

文系のカリキュラム

大学名	情報基礎科目名	履修年次	選択・必修	概論	OS	エディタ	ワープロ	表計算	言語	データベース	通信	備考
A短大	OA演習、AP演習	1	必修	有	MS-DOS Windows	SE3	一太郎	ロータス		dBASE	インターネット	市販教科書
	プログラミング演習	1	必修	有	UNIX	vi	無	ロータス	C	無	無	市販教科書
B短大	コンピュータI・II	1	必修	有	MS-DOS	SE3, jed	一太郎	ロータス	C, BASIC	無	NetWare	自作教科書
	情報科学演習I・II	1	必修	有	MS-DOS	SE3, jed	一太郎	ロータス	BASIC	無	無	LANによるレポート提出

大学名	情報基礎科目名	履修年次	選択・必修	既論	OS	エディタ	ワープロ	表計算	言語	データベース	通信	備考
C短大	情報処理理論および演習	1	選択	有	MS-DOS Windows UNIX	mifes vi	一太郎	ロータス	BASIC	無	インターネット	LANによるレポート提出
F大学 人文学部	人間科学論II	1	必修	無	MS-DOS	vi	一太郎	ロータス		無	NetWare	教科書の使用は担当者による
F大学 商学部	プログラミング	1	選択	無	MS-DOS	SEDIT	無	無	C, BASIC	無	NetWare	教科書の使用は担当者による
F短大	プログラミング	1	選択	無	MS-DOS	SEDIT	無	無	C, BASIC	無	無	教科書の使用は担当者による
G大学	情報処理理論	1,2	選択	有	MS-DOS	無	ワークス	ワークス	BASIC PASCAL	ワークス	無	市販教科書 機器増設中
H短大	情報処理概論および演習	1,2	学科によって異なる	有	MS-DOS	ティーチ テキスト	一太郎	ロータス	BASIC COBOL	ザカード	無	市販教科書 自作教科書
J大学	情報処理演習	1から4	必修	学科によって異なる	MacOS MS-DOS	ティーチ テキスト	ワードパーフェクト アシストレター	エクセル アシスト カルク	BASIC	クラリス ワークス	無	マニュアル チュートリアル 市販教科書
J短大	情報処理演習	1	必修	学科によって異なる	MacOS MS-DOS	SE3	ワードパーフェクト アシストレター	エクセル アシスト カルク	BASIC	クラリス ワークス	無	マニュアル チュートリアル 市販教科書
K大学	コンピュータ概論	1	必修	有	MS-DOS	SE3	一太郎	アシスト カルク	無	無	インターネット	自作教科書 BBS NET設置 レポート提出などに使用
	コンピュータ実習	1	必修	有	MS-DOS	SE3	一太郎	アシスト カルク	無	無	インターネット	自作教科書 BBS NET設置 レポート提出などに使用
	コンピュータ基礎	2	選択	有	MS-DOS	SE3	一太郎	無	無	無	インターネット	自作教科書 BBS NET設置 レポート提出などに使用
K短大	情報処理理論	1	必修	有								一部学科、座学、市販教科書

■著者紹介

中田　美喜子（なかた　みきこ）

現在、広島女学院大学人文学部・人間生活学部共通教育部門教授。
1986年広島工業大学非常勤講師、1991年より広島電機大学（現在
広島国際学院大学）専任講師、1999年同助教授、2006年9月より
広島女学院大学生活科学部生活デザイン・情報学科助教授、2013
年4月より同国際教養学部教授、現在に至る。日米の情報教育に関
する比較研究、インターネットの利用（遠隔教育、Webの教育利用）、
高齢者の安否確認システムに関する研究に従事。

広島女学院大学総合研究所叢書第9号

情報教育　はじまりから現在・未来

2021年3月30日　初版第1刷発行

■著　　者──中田美喜子
■発 行 者──佐藤　守
■発 行 所──株式会社**大学教育出版**
　　　　　　　〒700-0953　岡山市南区西市855-4
　　　　　　　電話(086)244-1268㈹　FAX(086)246-0294
■印刷製本──モリモト印刷㈱
■ＤＴＰ──林　雅子

ISBN978-4-86692-117-4